お金の正体

日本人が知らない
お金との付き合い方

日下公人

kimindo kusaka

KKベストセラーズ

お金の正体

装丁　重原　隆

お金の正体　目次

第1章　金融行政が日本のお金を駄目にした

第2章　お金は誤解と偏見に満ちている　53

第3章 お金とはモノの価値尺度である 141

第4章 これから日本人は、お金とどう付き合うか 185

第1章

金融行政が日本のお金を駄目にした

「人並みに」という時代は終わった

〝焚くほどは風がもてくる落ち葉かな〟

良寛さんがつくったといわれているこの句は、お米や芋を焼くぐらいの落ち葉は風がもってきてくれるという意味合いだが、生活費全部についても同じようなことがいえると言っている。それ以上は望まないという心境をうたった、わたしが子供のころから好きな俳句である。

日本人には、客観的にはどうであれ「自分はそれほど貧乏じゃない」と達観して清貧の生活に徹すれば、それはそれでなかなか立派な生活だという〝哲学〟がある。

わたしたちの世代は戦中・戦後にどん底を体験しているから、当時を思えばたいていのことはなんでもない。石油価格が上がれば田舎の落ち葉があるところに住めばいい。田舎の一軒家に住んで、落ち葉不足にならぬよう、あまり近所にたくさんの仲間を寄せつけなければいい。アジア諸国とちがって日本国ではあまり努力しないでそれができる。

生活水準は伸縮自在で、要は生活に対する価値観や、意識の問題である。収入確保だ、消費水準だと、あくせくしている人は思い込みが多すぎる。思い込みをとっぱらっていくとどうなるか。

生活においてお金とは？　と問われれば、「まず自分が欲しい額を決めよ」と答える。これだけあればもうあとはいらないという金額は自分で決められる。「人並みに」という時代は終わった、自分自身で選びなさいよ、である。

月給二十万、三十万で暮らす人もいれば、二百万、三百万あっても足りないという人もいる。たとえば日銀の福井総裁は、年収は二千何百万では足りないと思っているらしい。わたしもそう思う。いくら自動車がついて社宅がついて、晩飯代はたいていタダだとしても、日銀総裁の気分としては、そんなカネでは体面が保てないと思うだろう。

税金その他を引いたら使える金は月二百万ない。それでも社会的ステイタスにふさわしく、一着三十万円の背広を着なければならない。ところが、背広は二、三カ月で色が変わってくる、すりきれてくる。自分は平気だと思っても、ほかの銀行の頭取がちゃんとしていると、そうはいかない。で、新調する。そうすると靴も買わなきゃならない。三十万の背広と、三万円の靴を、年に何回かは新調しなければならない。

それに浮世の義理もある。葬式や結婚式に出ないわけにはいかないし、出れば香典やお祝いを何万円かは包まなくてはいけない。

この「義理」というのは、かつて日本の共同体を支えた原理の一つであり、田舎ではいまも根強く生きている。わたしたちは、そういう共同体的な生活と、合理的に割り切った近代的生活への移行期に暮らしている。

田舎から出てきた若い人に、「田舎はみんな義理堅いんだろうな」と聞いてみたことがある。「そうです」と言うから、「じゃあ、義理ってなんだ」と聞いたら、しばらく考えて「お金のことです」と言った。

「なんだ、それは?」

「結婚祝いとか餞別、香典などを全部帳面につけて、それをお返ししていく。義理堅いとはそういうことです」

彼の田舎では、結婚祝いや香典などにいくらもらったかを何十年も前から書きとめていて、こちらが出す場合の目安にしているという。義理と人情をはかりにかければ義理が重いというが、それもお金にしてケジメをつけるらしい。

アラブ世界も義理堅い。赤ん坊を連れた女性が十人ほど暮らしているテントがあるが、赤ん坊はどの人のオッパイを吸ってもいいらしい。共同の子供になる。そういうつながりがあって、大人になっても非常に義理堅いが、受けた義理はあまり時間がたたないうちに返さなければならない。そのときは、あまり露骨ではなく、ほぼイコールのものをタイミングを見て返せないとアラブ人にはなれないというが、その点は日本も同じである。

アメリカには、コミュニティはあるが、引っ越しをしたとき隣に金品をもって挨拶にいくという風習はあまりない。そこにあるのは「参加することの義務」である。

小さな町では各種の共同事業をするとき、役所ではなくて、住民が夜集まってプランをつくってそれを分担して実行する。学校でも必ず年に何回かそういう日があって、その日は残業があってもやめて、学校へ行き、先生と一緒に考え、仕事を分担する。つまり、お金よりは行動に、参加することに大きな義理がある。

わたしは子供のときは北海道にいて日曜日は教会に行っていたが、アメリカの開拓時代の習慣だなと思うことがたくさんあった。

北海道は土地が広くて人口が少ない。したがって町が小さいから日曜日になっても、どこにも行くところがない。そこでお母さんと子供は教会に集まっていっしょに昼ごはんをつくって食べて帰るというのが楽しみだった。北海道では浄土宗や浄土真宗のお寺が周辺の経済力や人口には似合わないほど立派だが、多分、お寺は市民ホールであり、文化教室であり、生涯学習塾であり、子供の保育園だったのである。

そこは信仰を同じくする人が慰めあったり助けあったりする心の集会所で、その点はアメリカの西部開拓も日本の北海道開拓も同じだった。

精神共同体をまずつくって相互扶助の社会を実現すれば、そんなにお金はなくても心豊かに立派な生活ができるという好例である。

そういう共同生活での最高の幸せは「カンバセーション（おしゃべり）」である。アメリカのお金持ちも最後はカンバセーションにお金を使っている。

マイクロソフト会長のビル・ゲイツはパーティーばかりしているので、あるとき奥さんがシアトルの湖のほとりに建てる大邸宅の設計図を見せられたとき、「わたしはこちらの隅っこだけあればいいんです。あとは全部来客用だから、あなたが勝手におやりなさい」と言ったそうだ。

求める幸せは人さまざまである

お金の正体は、つきつめていくと、その人が求める幸せはなんですかということになる。

幸せは人によってちがう。

ヨーロッパの貴族だが、ある日本人の女性が最後に尽くしてくれたから、感謝をこめてこのお城をあげますと遺言して死んだ人の話がある。犬に半分やると遺言して死んだ人の話もある。老後の幸せの正体を教えてくれる話である。

日本にもいろいろなエピソードがある。

良寛さんが風流に暮らしていると聞いて、宮仕えに疲れた武士が「弟子にしてくれ」と言ってきた。すると良寛さんは「わかった。ついてきなさい」と二人で行くと、お花見の季節で、花見客が吐いたゲロがあった。良寛さんは、「これはご馳走だ。いただくことにしよう」と言って、ぺろぺろ食べたので、武士はびっくりして逃げて帰ったという。

良寛さんだってそんなことをしょっちゅうしていたわけではないと思うが、宮仕えの苦労から逃げようと思ったら、このくらいの覚悟がなきゃダメだと教えたのだろう。

仏典の中に、僧は働かないで人々から喜捨を受けたものだけで暮らすのだから、何でも食べなさい、とあるらしい。

良寛さんは字はうまいし歌をつくったり、いろいろできたから、行く先々で一宿一飯にありついていた。また多少の固定給があったらしい。その送金があって、庵《いおり》を結んで風流に暮らしているのに、それにぶら下がって「弟子にしてくれ」とは、「おまえ、厚かましいよ」ということだと思う。

わたしもサラリーマン時代、ときどき会社づとめが苦しいときは、この話を思い出して我慢した。

最近、この武士のような脱サラ志望の若者が増えているが、実行する前にはこんな話を知っておくのがよい。そうそう簡単に会社がつらいなんて言うものではない。

良寛さんにはこんな話もある。

病気になってもうそろそろ死ぬというとき、苦しむ様子をみてまわりの人が、良寛さんのような悟りを開いた風流人にしてはちょっと見苦しいではないか、と言うと、良寛は短冊にこんな句を書いて見せた。

〝裏をみせ表をみせて散るもみじ〟

起死回生の逆転ホームランのような一句だと思い、心に残っている。

いろいろな幸・不幸を経験して、最後はこんな一句が詠《よ》めるようになって死ねば本望だと思ったが、そんなことより、もっと長生きして旨《うま》いものをたくさん食いたいと思う人の方が多いだろう。その人は健康で正常な人で、そういう人はお金の使い道がはっきりしていて、稼ぐのも使うのも単純明快で悩みがなくてよいだろうと思う。

大名にはなったがまだこれからというときの福島正則《まさのり》が、訪れてきた友人と一献《いっこん》酌み交わそうとなったとき、下男にお金を二枚わたし、一枚はオレの分、もう一枚はこのお客の分といって、酒の肴《さかな》を買いにやったという話がある。

大名といえばまわりに家来がいて女中もいっぱいいるというのは江戸時代の話で、戦国の真っ最中にそんなことはなかった。

で、そのとき下男が何を買ってきたかというと、それは味噌だった。

当時は味噌がごちそうだったとも言えるし、武士の生活は今からみれば質素だったとも言える。

市場原理や自己責任論にはいろいろな前提がある

「お金の正体」といえばまず、金融制度論の解説をしなくてはならない。金融政策と称していんちきをする官庁の話をしたい。また、ユダヤ商人の話も面白い。それからハゲタカ・ファンドや村上ファンドの話もある。

がしかし、人間生活からみると、「お金の正体」の一つは「最終的な消費の喜びは何か」という問題と、もう一つは「信用とは何か」の問題である。

信用には「見かけ」と「正体」がある。だから「騙した」「騙された」になる。

最近は経済学がどんどん安っぽくなって、主観的経済学を教えていないが、しかし、その昔のアダム・スミス、カール・マルクス、リカードなどの頃の考えはたいへん生活的で、いまでも充分有効である。

ところが東大法学部出のエリート官僚は、生活や信用については何も知らないのに金融の世界まで法律や行政指導という権力で指図したから大失敗した。それどころか法学部なのに、本業であるホリエモンは有罪か無罪か、村上ファンドは有罪か無罪かを、決めかねている。これは日本の商法その他が不完全だということであり、また法律の適用は世論にふりまわされて曲がるものだということでもある。

新聞やテレビは、そのように法は曲がるものだと解説すればいいのに、それを逃げて、裁判所の玄関に立って待っている。そして、判決が出たら誰かに解説してもらうだけである。それも鋭い解説は掲載しない。

根本からいうと、行政は民間の守備範囲と政府の守備範囲をあらかじめ法律によって線引きすべきである。

法を決めるのは国会で、運用に当たって問題が生じたときは官と民が両方から訴えて裁判所が決める。

昔からそう決まっているが、行政は縄張り拡張欲に燃えて立法も司法も支配し、さらに民間の活動のすべてに干渉した。事前の説明を求め、黙認したり、不許可にしたりしたが、問題が起きると逃げて干渉したことはないとした。それを糾明《きゅうめい》すべきだったが、国民はしなかった。

そこで金融・証券問題解決の道は「新法」を作って行政の干渉を「合法化する」方向に逸《そ》れてしまったから、民の活動余地はますます狭くなったのである。自由化への道は業者自らが不熱心だった。

それから行政は外国人の業者には甘く、日本の業者には厳しかった。官も自立していなかったのである。

こんな状態で日本国民が保有する世界一の日本の貯蓄はどこへ行くのか。

市場原理や自己責任はよいが、それにはいろいろな前提がある。

その前提にまで深く入った議論はまだない。

とくに黒板の上の経済学にはない。理論経済学には国家や社会はわずかに登場するが、国民の生活や消費の喜びに関する議論はほとんどない。

それから民間業者の精神や能力や団結に関する考察もあまりない。そこで随筆的なお金の話が大量に必要になる。日本国民はそれに飢えている。

そこで浅学非才を省みず、お金に関する思い出話を書いてみる。

金融行政が未熟だからホリエモンや村上ファンドが登場した

そもそも、銀行や証券会社や、ファンドの「正体」は、お金を回して増やすことで、それは庶民がやっていることと同じである。誰かに貸して、もしも増えて返ってくれば万々歳という簡単な話である。

銀行、証券会社、資産運用会社が、世の中の流れや経済の流れに立ち向かえるはずがない。流されているだけ、ただそれだけの存在である。基本的にはそこが主体的に何かをしているのではない。払っているお金に見合ったことを何かやってくれているだろうというのは、すべて幻想である。

投資信託といったものを販売しているのは証券会社である。ところが最近は運用している会社はほとんど外資系になってしまった。なぜそうなったかというと、日本の会社は金融庁とか財務省とかに非常に厳しく監督されて何もできないからである。

その上、アメリカ系の会社は世界情勢に明るい。アメリカの外交や国防や陰謀の各種についての想像力が発達している。

つまり、政治とか権力とか、全体を見ている目の位置が日本よりかなり高いのである。アメリカの金融全体を見て、さらに最終的には金融にかかわる産業・経済・外交・防衛などについて判断をするのは、ある意味では大人の世界である。是非・善悪・当否・道義・信用・評判について大人の意見がなくてはならない。

日本の場合も、もともとは〝金融村〟があって、そこは大人の世界だったが、バブル崩壊の頃からそこに金融行政が入り込んできた。その人たちの目線は、わたしから見るとまるで子供である。単純な自己愛を正義の衣でカバーした世界である。日本の業者はその正義の目にさらされて、ほとんど壊滅してしまった。

今から六、七年前に、野村證券が一兆円ファンドをつくって打って出たが、それがコケて一巻の終わりとなって以後、日本株を運用している日本人の運用マネージャーはほとんどいなくなった。なぜならば利益を出せないからである。ところが外資系あるいは外国人はいろいろなところから情報がとれるので儲かる。

日本の会社は金融行政のおかげで情報が入っても使えない、自由なことができない。そこで、能力のある人は会社を辞めて、個人ではじめた。ホリエモンとか村上ファンドが出てくる温床は、金融行政の成熟度の低さにある。

バカバカしくて付き合っていられるかと怒った連中が表に出てきて、個人ファンドを募集すると、ほんとうにお金を増やしてほしい人はそういうところに直接行く。

そういう人は何も日本に会社をおいておく必要はない、スイスでもシンガポールでもかまわない。

日本人の大金持ちと二、三週間スイスに行った知人の話では、大金持ち氏は「今日はちょっと調子が悪いからここに残っている」と言って町に残った。アルプスを見て帰ってきて夜、いっしょに食事をしたら体の調子は全然悪そうにないので、知人が「どうしたんですか」と聞いたら、「こっちの銀行にカネをおいてあるんで行ってきたんだ」と言った。

日本のお金持ちはどんどん進化している。

日本人は相場に「売り」から入れない

日本の金融行政がこの間にやったことの罪は、お金持ちになる方法の規制がフェアじゃなくなったことである。その結果、いわゆるミドルクラスの人たちが財産をつくる手段は非常に乏しくなってしまった。

運用の仕方が縛られていて、非常につまらない運用しかできない。特に投資信託は契約型投信といって、先進国のなかではおそらく日本だけだろうという、融通性のまったくない運用の仕方である。投資信託を購入した人に渡している契約書に書いてあるとおりにしか運用できない。

ところが海外の会社の場合は、会社型投信で、投資信託を買った人はみな株主になっている。したがって取締役会で臨機応変に変更できる。その臨機応変さが日本型投信とは全然ちがう。そういう金融の大人の度合いが、ミクロで見てもマクロで見ても、あるいは社会全体として見てもずいぶんちがう。

大前研一さんは、「日本人は相場をするとき買いから入るからダメだ、売りから入れない」

と言っていた。子供のときからまじめに暮らしているから、ないものを売るなんてことはできないのが日本人で、そういう人が相場の世界に入ると、外資に儲けられて、日本人はハダカにされる、そういう世界である。

「日本人が買いにきたら相場は終わりで、下降がはじまる」といわれている。

当然のことながら、お役所には買いから入る人しかいない。そういう人が民間の商売に口出しをするから日本は大損をした。

だからお役人はこの世界から手を引いて、規制は取引所が自主的にやるべきである。取引所の会員がおたがいを見て注意したり除名したりすればいいのに、財務省や金融庁の看板の下でやろうとするから、民間魂がなくなった。

村上ファンドで儲けて、しかもまんまと逃げおおせた二十人くらいの人の取引を調べたらすべて外国決済になっていて、捕まったのは村上世彰一人だけ、日本人は純朴だと捜査関係者が苦笑していた。

もともとそういう世界なわけで、そこに日本を引っぱりこもうと思った人達は「今や国際金融の時代」とか、「グローバル化」とか「ビッグバン」とかの美名で日本のドアをあけさせて国民の貯蓄を吸引した。

結果は悲喜こもごもだが、そんなことよりも何よりも日本の金融機関が、個人より先に打撃を受けた。それを国家は救済したので、国民はさらに大きな損をこうむった。

では、これから先どうするか。

二度と近寄らないということもあるし、こういうふうにしなければ日本の金は行きませんよと、外国のマーケットを日本人に合うように変えるということもある。

日本が自分の力にめざめれば、実力をもって世界を変えるというところへこれからいくのだろうと思う。

国家が民間経済を管理するようになったのは、いつからか

それにしても、金がこんなに余っているのはなぜかという問題と、その余った金の運用に、なんでお役所が首をつっこむのかという問題がある。

これは戦争中の統制経済からきている。昭和十七年、十八年、十九年という、あの戦争の真っ最中に大蔵省は民間経済に対して何から何まで口出しした。それがいまだに続いているのである。

ただし、終戦直後の昭和二十年代以降にはどんどん自由化が進んだ。これで完全に資本主義にもどるのかと思っていたら、昭和四十年に山一不況（四十年不況）があった。オリンピック後の景気後退で山一証券が大赤字になったが、本当に負債超過なのかどうかよく調べもせず、田中角栄が乗り出して救済を決めた。

このとき日本資本主義は国家が管理する資本主義にもどった。

六月に山一を助けるということが決まって、国債発行ということになった。あれほど財政法にはダメと書いてあるのに、国家が国債を発行して山一を助けたが、それでもけっき

ょく山一はまた大赤字になってつぶれた。

関係者の責任は重大である。ぜひとも名前を公表して、「わたしたちは二度とこんなことはいたしません。後輩たちにもよく言い伝えます」と誓約書を書かせなければいけないのだが、そういうことをしていないところがまた日本の気風である。

その後も金融業者に大蔵省はいろいろ口を出したが、ついに責任を取らずにすませている。

こんな金融行政がまだ続くなら、日本人はもしもお金ができたなら、外国へもって行きなさい、日本の役所の監督下にある会社や銀行に預けるのは零細預金だけにしておきなさい、ということになる。零細預金は必ず返ってくるが、それは消費税か何かの税金を取って返すのだから国民全体にとっては同じである。オレは税金を払っていないという人が少しだけ得をする。

日本人は未来のことを簡単に決めて失敗する

金の損得だけでいえばそうなる。しかし、わたしはこれだけのことを言いながら、お金を外国に持っていかない。特別なことは何もせずにダラーッと暮らしている。わたしが貯金している銀行がパンクして預金を損しても、まあいいじゃないかと、思っている。また働けばよい。何とか暮らせると思っている。

この日本社会が私に儲けさせてくれた金の使い残りなのだから、まあいいやと思っている。

アジアのどこかへ行けば一ヵ月二十万円でも暮らせるし、余生は短いのだからカリカリしないのが一番だと思っているが、こういう東洋的境地に達していられるのは、子供のときからそう教えられていたからである。

親戚のなかに、こんな人がいた。学校にいかない、働かない、ときどきカネを借り歩く、誰にも相手にされないで、どこかの物置小屋に住んでいる、当然、お嫁さんはいない。

「あのおじさんのようになるなよ」と言われたものだが、ところが、この人がなかなか便利なのである。お葬式だというとやってきて、あれやこれやと働いてくれる。その他いろいろなことに役立つ。ときには子供に宗教的・哲学的な味がある教訓を垂れたりする。そういう不思議な世界が戦前あった。

小学校の頃、まわりの大人から「そんなことをしていると将来、保証人になってくれる人がいないよ」と言われた。会社へ就職するにしても、十五、六歳で丁稚奉公《でっちぼうこう》にいくにしても保証人がいる。最初は親だが、手代になるころは親のほかにもう一人の親代わりを立てなくてはいけなかった。日頃の信用が大事だよと言われたものだ。

妹は「そんなことでは将来嫁にもらいてがないぞ」と言われていたのが可哀想だった。

この世の中は窮屈だなと思ったが、それから逃げると落ち行く先はあの人の世界だぞ、と思ったものだ。そういう意味では、人生の教材としてホームレスやフリーターはいたほうがいいことになる。

このくらい広い社会的観点から見ないと、お金の世界の正体はわからない。日本の投資信託のパンフレットだけ見ていてもダメである。

日本人はなぜ臆病かと思うが、しかし臆病なのはいいことなのだから、元金を守って丸裸にされなければいい。運用して増やそうなんて思わなければこの日本の住み心地は悪くない。絶対に欲しいものだけ、使うものだけ買えればいいと考えるのが身分相応で、現に日本人はそうしてこのバブル破裂後の大不況を生きてきた。

二十年前、日本人がアメリカへいって、いろいろ不動産を買いあさったとき、値上がりを狙って買うと言うから、わたしは「やめた方がいい」と言った。三菱地所がロックフェラーセンターを買ったとき、週刊誌が取材に来て「アメリカ人の反発を買ってます、嫌われてます」というから、「いや、そんなことはない。ちゃんとアメリカの新聞や雑誌を読んでみるとよい。ロックフェラーご本人は感謝している」と言った。

「『このセンターがアメリカ人みんなの憩いのオアシスだというのなら、税法を元に戻してくれればよい。そうすればわたしは売りません。税法改正でやむなく手離すとき現われた買い手のなかで、三菱地所が一番いい条件を提示したから売ったのであって、感謝しています。私がつけた条件の第一はニューヨーク市民の憩いの場であることを変えないことで、三菱はそれを誠実に約束してくれたのだから、市民にも文句はないはずだ』ロックフェラーがこう言っているのだから、なにも日本の雑誌が騒ぐことはないだろう」と言った。

すると、「それはさておき、そういうことで儲けるのはどうですか」と言うから、「儲けるか損するか、まだわかってないでしょう。未来のことを簡単に決めちゃいけませんよ」

とわたしは言った。

それでわかったことは、第一に、日本人は「未来はわかる」と思うらしい。第二に「土地は値上がりする」と思っている。第三に「ニューヨークの中心地なら大丈夫」と考える。マスコミもそうだし、官庁もそうだ。業者にご指導を垂れるときは、いとも簡単に、未来はオレが知っているという顔をする。

ところが二十年先まで計算したはずの人が今は、「年金の計算をまちがえました、こんなに子供が減るとは思いませんでした」と言う。

これを天を恐れざる所業という。

丁半博打の賽《さい》の目は神様しかわからないが、それは日本だけではない、世界中がそれに手を出しては失敗している。しかもくりかえしている。

ここで不動産投資のイロハを言うと、

㋑　土地・建物の値上がり率は経済成長率より低い。ロンドンでもニューヨークでも、五十年間、百年間の統計をみるとそうなっている。

その理由は固定資産税をとられるからで、経済成長率より低い分はちょうど、税金額に見合っている。
不動産に対する税金は逃げようがなくて確実にとられる。こう考えるとマクロ経済学もバカにならないと思うが、ただしこういう研究は世に広がらない。パンフレットにはのってない。

㋺ロンドンやニューヨークには不動産で財産をつくった成功者がいるが、その人達は、たいていユダヤ人である。ユダヤ人を相手に売買して負けない自信がある人はどうぞ、である。

㋩ロンドンでもニューヨークでも人口が爆発的に増加した時期があった。その初期に買った人は巨富を築いたが、やがて町や地域には必ず衰退期がやってくるから、その前に売りぬけなくてはならない。
または再開発事業にアイデアと資金力と政治力がなければいけない。
一等地だから大丈夫と思う程度の人や会社はたいてい騙される。これは古今東西に通じる簡単な真理である。

結論をいうと、土地に限らずお金をまわして儲けるのは、自分で事業をして儲けるよりも楽だとはいえない。確実だともいえない。事業そのものを見る力がない人は不動産売買に近づかない方がよいのである。

土地は万能基本財だが、それでも大きな浮き沈みの波にはさらされる。

大蔵省認可とは、指図はするが責任はとらないこと

両角良彦さんという通産次官がいた。その下に天谷直弘さんという人がいて、二人で産業特別振興法という法律をつくろうとした。重大な設備投資をするとき、各社は通産省に相談せよという法律で、そのとき両氏は、財界や銀行に丁寧に説明してまわった。

わたしがいた銀行の頭取は「調査部の若いのも呼べ」と言ったので、その席にわたしが呼び出された。

「質問はないか」と言うから、末席の特権というか義務だと思って、「設備投資は、五年か十年先にならないとプラスだったかマイナスだったかわからないものです。ちょうど丁半博打の壺のなかは丁か半かわからないのといっしょです。そこで丁とか半とかいうとき、その人は自分の手金を賭けるんです。民間銀行の頭取は自分の首を賭けています。会社の社長には個人保証をする人もいます。少なくとも社長は首を賭けています。通産省の局長さんは何を賭けるんですか」と聞いた。

「税金を賭ける」と答えればいいのである。「自分は税金を預かって使う格別の能力がある」

と言えばいい。または、失敗したときは局長をやめると言えばよい。しかしそれは言わなかった。

「両者の合議です。決定ではありません」と言って逃げた。

「合議にしても、何も賭けない人がその席にすわっていてくれては迷惑だ。ヤクザの博打場では手ぶらできた人が丁半を発言したら叩き出すことに決まっている」と付け加えると黙ってしまった。後で噂に聞くと長銀へ説明に行ったときが一番汗をかいた、と人に話したそうだ。

大蔵省と金融庁はまたそれと同じことをした。要するに官僚がもっている手金は将来の税金で、さんざん口出しをして損をしたあげく、百兆円ぐらいはゼロ金利と公的資金で埋めた。責任者の名前はわかっているから発表してもいいが、名前が財務省に変わってみんな逃げてしまった。

これが一連の騒動で、お金についての関心が深まった国民は、「もう役人には口出しさせない」とばかり、小泉改革の支持者になった。

昔から株屋の世界はまじめな人は行かない世界だった。大正時代の日本は株でも商品でもドルでもなんでも売ったり買ったりしていた。ただし一般の人は近づかなかった。神社の縁日かなんかで「さあ張った張った、張って悪いは親父の頭」とやっているのと同じで、手を出した本人もあきらめがつくような業態だった。

ところが昭和二十二年から二十四年に証券民主化運動というのがあって、財閥解体と大口資本家の影響力を排除して大衆に株を持たせることを目的として、証券会社を大蔵省認可の事業とした。

看板に大きく「大蔵省認可第何号」と書くようになってから業者と官庁の関係がおかしくなってしまった。

大蔵省の頭の中は貯蓄の推進だけで、保険会社も証券会社も一見、あたかも貯蓄であるかのごとく庶民に宣伝したが、一〇〇％そうではなかったのが大騒動のはじまりである。

証券会社の玄関を入ったらリスキー部門とそうでないのとを二つに分けていて、ハイリスク・ハイリターンのほうには「大蔵省は無関係」という看板をかけておけばよかった。

ところが証券業すべてを「大蔵省認可」にしたので監督と保護の責任が生じた。そこで経営についてあれこれ指図をするようになったが、「裏目に出たらその責任はどうするんですか」と聞くと黙ってしまう。

彼らが心の中で思っていたことは、そのときは大蔵省から頭取、社長に天下りを出して、業界全部に損を分散して国会には新法を作らせて……かえって好都合……というものだと当時から想像していた。

気の毒なことに今は天下った大蔵省の人が裁判にかけられる時代になった。

誰でも自分の能力については謙虚でなければならない。特に未来予測についてはそうである。

格付け会社は日本の信用を揺さぶるために作られた

日本は相互信用社会が確立しているから、経済が能率的で、それがうらやましくてたまらないアメリカは、これを壊すのに何か揺さぶる方法はないかと考えた。

二十年前、ワシントンで議論されたことだが、日本人は学校秀才が多いから、①権威に弱い、②評判を気にする、③点数に弱い、というので格付け会社を使って格付けを上下させて日本の信用を揺さぶろうとした。日本人はそういうことを陰謀とは思っていないから堂々と議論していた。

当時、突然有名になった格付け会社は、本社はアメリカにあるが、東京支社で採用した日本人が活躍した。それが銀行にきて、「おたくを格付けしたい。御社は希望しますか」と聞く。お願いするとお金を取られるが、そのお金が多ければいい格付けにしてくれる。断ると、勝手格付けというのをする。

日本の銀行は最初は「勝手におやりなさい」という態度だった。ところがそれでは勝手格付けでAではなくBに下げられてしまう。そこで「そんなものは知らないよ」と言っていればよかった。格付けが低いとスイスで借金をするときの利率が少し高くなるが、「そんなもの、頭取がテレビに出て、勝手格付けで下げられたんだ。この顔を見て信用してほしいと言えばすむ」とわたしはテレビで言ったが、どうやらその顔に自信がなかったらしくて、日本中が格付けの一上一下に揺さぶられた。

日本経済新聞はそれを天下の一大事であるかのごとく報道したが、確かに大蔵省は「銀行は全部安心」「大銀行は一行も潰さない」というウソを建前にしていたから、その報道は新鮮だった。

トヨタの年金債務問題はその典型的な例である。

アメリカのファンドはトヨタの株を買いたくなったが高すぎる。そこで「トヨタの格付けはAAAではなくAである」と言いだした。理由は退職金の積み立てが不十分だからだと説明した。それはGMやフォードもいっしょなのだが、日経新聞は何はともあれニュースだと考えて「トヨタも下げられた」と書いた。ファンドはその前に空売りをかけていて値下がりを今や遅しと待っていたが失敗した。

十日間ほどトヨタの株は少し値下がりしたが、元以上にちゃんと上がった。

日本人はトヨタの実力を信じたので、ファンドは売りあびせに失敗して撤退した。

これは、日本から見れば陰謀だが、彼らにしてみれば通常の営業行為で、かねて成功したり失敗したりしたことを日本にもやってみたにすぎない。

しかし日本人は仰天した。アメリカ人はみなキリスト教徒でりっぱな人だから、世界に名の知れた会社がそんなことをするとは、と驚いた。

しかし大蔵省ＯＢの大場知満氏だけは「格付け会社の格付け」が必要だと語って落ち着いていられた。噂に聞くと、かねて個人でも外国証券の売買を少しはなさっていたそうだから、国際金融の正体について一般官僚とは違う実感をもっていられたのだろうと思う。

大塚知満氏のような国家意識の上に立って国際金融を語れる人がもっと必要である。

ＢＩＳ規制は日本封じ込めの談合だった

大蔵省はほかにもＢＩＳ規制の「八％条項」を受け入れよと銀行に命令したことがある。

ＢＩＳとは何か。

中南米の経済が一九八〇年代におかしくなって、それを引っかぶった米銀をなんとか助けなくてはならないとなったとき、アメリカ政府は米銀は米銀で血を流せ、不良債権を始末しろと言った。不良債権は強制的にやらないかぎり処理できない。だがわれわれが血を流すと国際競争に負けてしまうから、他の国の銀行も引きずりこむことをアメリカの政府の力でやってくれということが、米銀が血を流すのとバーターではじまった。

もともとアメリカの銀行は国際金融に不慣れな地方銀行だらけで、それらが付和雷同で南米に貸しつけて共倒れになることは昔からくりかえされている。ワシントンはそれを救済するとき、いつも国際金融全体の問題だといって日本を引き込むのである。

それにヨーロッパも合意して、ＢＩＳ（国際決済銀行）という国際金融の組織ができた。

ロンドンで開かれたＢＩＳの会合で自己資本比率八％という数字が決まったが、あれは六でも七でもよかった。なんとか決めようということになったとき、会議をやっていた部屋の窓の外のビルの時計が八時だったので八にしたという話があるくらい、いいかげんなものだった。

ところがその数字に、代表が会議に出席していなかった日本も縛られた。

バンク・オブ・アメリカの再生資金に寄付というかたちで直接持っていかれたり、ゴールドマンサックスがおかしくなったときに住友銀行がその株を買ったり、資金的にもてこ入れして、国際競争もこの土俵でやろうというところで縛られて、ずいぶん助けたけれども、それは全部取られてしまった。

金融で国家的にだまされたようなものだ。

しかし、あの会議に日本の代表が出席していたか、いなかったかは問題ではない。加盟銀行がおたがいに取引をするには自己資本が八%ないとダメだという業界団体の申し合わせなのだから、日本の銀行は無視してもよいし、例外扱いを主張してもよかった。

しかし大蔵省が日本の銀行にそれを取り次いだから大事件である。国際金融業務をやる以上はこうでなければならないと、それを国として民間に命じてしまった。

応じないという意見もあったはずである。あのころ日本の銀行は世界の十大銀行に七つくらいが入っていた。信用は十分あった。だから低利で資金調達ができた。それは日本にならいくらでも貸すという銀行が全世界にあったからである。

しかし外国の銀行が日本の銀行の内容を見たら、図体はでかいが、利益は上がっていないし内部資産も全然ない。こんな銀行が安売りして入ってくるのは迷惑だ、低金利で気前よく貸すのは迷惑だ、それをストップさせてやれとなった。

いいかたを変えれば日本の銀行はもっと儲けなさいといわれたのである。

しかし、これは業界で談合しようという話である。

談合して仕入れ価格や販売価格を同じにすると、新興勢力は食い込む武器を失う。それに対し旧勢力は市場価格以外の武器をたくさんもっている。

つまりBIS規制は日本封じ込めの談合だから、こういうとき日本は自由競争の効を大いに主張すべきだった。また、内部留保を手厚く保有せよというのも新興銀行に対してはブレーキである。フェアなこととは思えない。

が、しかし大蔵省はこの談合に参加すると決めて、早期是正計画を出せと命じたので、その結果、日本の金融機関は潰滅状態になった。

日本の金融が国際社会で惨敗した七つの理由

そうなった理由の説明は日本にはないがアメリカにはある。

ワシントンにいたアメリカの金融学者はこう解説した。

〝もともと日本の金融機関は大蔵省主導の談合の下で日本国内では巨利を得ている。その巨利を武器にして国際金融に登場し、貸付金利や引き受け手数料をダンピングして、取引シェアを拡大するのはアンフェアである〟

〝問題の根本は日本国内金融の自由化である。大蔵省の低金利政策が何十年も続いているので日本の預金者は不利をこうむっている。他方、産業界は輸出の伸長で借入金に対しては高金利を払う力があるから、その差額で日本の銀行は潤《うるお》っている。もともとは産業育成のための低金利政策だから、世界一の輸出大国になった今は、自由化して預金者が産業から高い金利を受けとるべきである〟

正論だと思うが、日本の銀行は自由化を好まず、今までどおりの低金利政策の続行を大蔵省に希望した。その結果、大蔵省は銀行業務の一つ一つについてまで干渉し、さらに天下りを送りこむようになった。国益より省益の金融行政だった。

結局、日本の銀行は預金者の利益を守らず、国際化についての勉強をせず、経営革新を行なわず、漫然と大蔵省の庇護を信じて国際金融の修羅場へ船出した。

日本人は市場原理の世界に経験がなかった。少しはあっても、まさかこれほどまでとは思わなかったというつらい試練をそれから十年間受けることになる。

大蔵省の人も銀行の人も向こうから見れば好人物ぞろいだった。

その様子を書くのはつらい。

人の悪口を言うことになるし、もうすんだことだからで、読者もそんな話を詳しく聞きたいとは思わないだろう。

再発防止のためには書くべきだとは思うので、日本が国際金融の世界で惨敗した理由を七つ書いてみよう。

1、市場原理主義に不慣れだったこと。

2、多少理解しても、それが自国の政府や政治家にまで浸透して、共同体的な解決は甘えとして切り捨てられることに想像力がなかったこと。

3、日本の国家公務員に国益を守る意識がなかったこと。
4、国益を守るためには「国権を発動する」という覚悟や経験が政府になかったこと。
5、民間企業の経営者にも、市場活動の経験が希薄だったこと。
6、官にも民にも、組織より自分個人の利益が先だというサラリーマン的な個人主義の気風が、いつの間にか浸透していたこと。
7、外国の悪口は言わないという美しい空気が日本中を支配していたこと。その結果、有識者の意見や解説や警告が国民に伝わらなかった。

さて、これからの日本はどうなるでしょうか。以下のいずれかである。


その一、高い授業料を払ったのでもう騙されない。

その二、それどころか、市場原理主義者の蒙をひらくべく、新しい国際金融システムのあり方についてリーダーシップを発揮するようになる。

その三、日本は孤立をえらんで日本式でしかお金を貸さないし、借りない道を歩む。

その四、忘れてしまう。したがってまた同じ目にあう。

国民やマスコミは官僚のやっていることを直視しない

金融王といわれた安田善次郎は、インサイダー取引を大々的に実行して、秩禄公債（国債）を一日前にたくさん買い、翌日それがバーンと上がったときに巨万の富をかせいだ。そして安田財閥を築いた。

金融というのはすべからくそういうものだと前提してアメリカは法律をつくり、チェックマンを何万人も置いている。そして日本もアメリカのようにやれと、一生懸命圧力をかけている。

しかし日本はアメリカ式一本にはならず、日本的なものを残してやっている。民間部門はかなりやったが、公的部門は何の手も入っていない。国民から見ると民間部門は時価会計でも第三者評価でも外部監査でも情報公開でも何でもやっているのに、公的部門は全然やってないじゃないかと怒りの声があがる。

日本の役人が会計帳面を出さないでいるところへ、得体の知れない外国の証券会社の男がやってきて、道路公団なら道路公団の財産と借金、黒字と赤字の部門について計算するとこうなるというのを見せてくれたりする。

大和証券が第二回目の大赤字になったとき、日本国内で赤字が表面化するとこれまで指導した大蔵省も悪者になるから、大蔵省は「外国に飛ばせ」と教えた。とりあえず外国へ勘定を飛ばして後はぼちぼち消せと、飛ばしの手口を教えた。イギリスでナントカファンドを買ったことにしてそれを資産に計上するが、それは実体がない。ただし、それが明らかになるのは数年先という投資である。

そのときはそれですんだが、処理を依頼した先方の会社の社員が、別の会社に移って暴《あば》いた。社員が会社を移るということを考えなかったところは官庁的だった。大企業につとめる日本人の予想外だった。

アメリカの金融人や証券マンは足が軽い。会社を変わる。政府の官僚になる。国際金融機関の役員や職員になる。シンクタンクの研究員や学者になる。外国政府や企業のアドバイザーや顧問になる。自分で独立してファンドの責任者にもなる。

日本へやってきて、総務省の官僚が郵政民営化に抵抗して法案作成をサボタージュしているときは小泉さんのために法案までつくる。才能がある人は七変化なのである。

郵政民営化のとき、小泉さんはそれをみて「このとおりにやれ。一字一句も変えるな」

と指示した。

そこで民営化反対派の人数が急に増えた。

新聞をみると「内容よりやり方がよくないから反対投票をする」と発言していた。

新聞記者に外国人がつくった原案のとおりにやるというのはどう思うかと、感想を聞かれたので、

「そもそも総務省が民営化法案を真面目につくらないのが悪い。小泉さんが引退したら元に戻せるような一行を入れたり、骨抜きにできるような一句をはさんだりするから、いっそのこと、外国人のほうが信用できると小泉さんは考えたのでしょう」と答えた。

わたしも小泉さんに同感である。あのときはともかく郵政民営化法を成立させることが重要で、内容は将来、不都合がわかったときは、手直しをすることにしておけばよいと思っていた。

しかし、この議論は表面化しなかった。

マスコミは総務省攻撃をせず、またアメリカの干渉を受け入れる小泉を批判せず、そして内容についても論争せず、単に賛成派、反対派の顔ぶれを報道しつづけた。

日本のマスコミは何でも人間関係のニュースにしてしまうのである。

わたしが小泉首相の郵政民営化に賛成しているいちばん大きな理由は、郵便貯金に国家補償がついていたのをなくしたことである。

二〇〇七年十月からの新勘定には国家補償がないから国民は自分で預け先を考えなくてはならなくなる。郵便貯金を大蔵省と国会議員が勝手に使っていた根源が消滅するのだから、わたしは五十年ぶりに青空をみる思いがしている。

第2章

お金は誤解と偏見に満ちている

日本人は経済しか考えない人間になってしまった

学者になろうと思ったら、収入は別途確保しなければいけない。まず働いて、金がたまってから学者になるか、あるいは金持ちのお嬢さんをもらう——女性であれば金持ちの旦那を探す——とか、パトロンを探してから学者になれ、とわたしはいいたい。もともと学問は金儲けの役には立たないのである。

パトロンなしで学者になった人が生活と学問の両立に苦しみ、結局、学問を汚くする例を、私は数えきれないほど見た。だからわたしは学者にはならなかったし、役人にもならないで、ただの民間サラリーマンになった。まずは生活である。

東大を出ているのに、なにを思って民間サラリーマンにと、田舎の人からはバカにされたが、わたしはいい気持ちだった。「ハイ、さようでございます。バカな銀行員でございます」と、ほんとに、すがすがしい気分だった。

銀行員として、「預金をくださいよ」と言って田舎まわりをする、それが実に楽しかった。私がいた銀行はワリチョーやリッチョーという債券を発行してお金を集めていたので正確にいえば預金集めではなく証券を売りに行った。銀行の貸出し先は電力・鉄鋼・造船・海運・機械などお堅い先ばかりだから安心だと大蔵省や日銀が認定して、信用金庫や農協などには自己資本の一部として堅い社債や金融債を少しは保有しなさいと指導していたので、国家の後押しつきの売り歩きだった。だから普通よりは楽だから申しわけないと思っていた。

ときどき農協や信用金庫の理事長に、「あんた、東大出たの？　東大出た人がこんなことして歩くとはどういうわけだ」と聞かれる。「そんなこと、世の中別に決まってませんよ」と言うと、「だって、東大出たんなら役人にならなきゃ損じゃないか」と呆れ顔をする。損得はわたしが決めること、よけいなお世話である。

「いやー、しかし長銀というのはたいしたもんだね。東大の人を採用してこんなことをやらせるなんて。すごい銀行だね」「そうです、すごい銀行です。今にわかります」などと、そんな話をして日が過ぎていく。宿泊費と交通費は銀行もちで日本の田舎見物もできて、しかも仕事があるから人に会える。理事長や組合長との雑談はわたしにとっては大きな勉強だった。

教授にすすめられて大学院に残って勉強をしても、こんな実地勉強の素晴らしさには及ばない。官庁に入って国家権力行使の下働きをしても、それは行政という狭い世界の実地勉強にすぎない。

——という自信をもたせてくれたのは東大のおかげだと感謝しているが、ともあれ卒業後はわたしの人生である。

そんな次元で特に社会のお役に立つようなこともなく、単に銀行のために資金を集め、その使われ方をわたしなりに心配しているうちに、勤勉な日本人全体は働いて働いて日本経済は高度成長をはじめた。その結果、日本経済が変わり、社会が変わり、国民全体の意識も変わった。

外国人も、一九七〇年（昭和四十五年）の大阪万博から日本人が変わったという。なぜかと訊くと、「われわれ外人を見ても平気になった、尊敬しなくなった」と言う。

それまで日本人は敗戦の後遺症で日本は世界の孤児だと思っていた。ところが万博に行ったらアメリカ館、イギリス館、カナダ館、何とか館というのがあって、これでわれわれは国際社会にもどれた、仲間にもどれてみんなが遊んでくれると、明るい気持ちになった。そう思って統計を見ると、一人当たりのGNPは大方追いついていた。

ところがそのとたんに、もともと経済第一主義の日本人は「国際社会復帰」という大きな悲願が達成されたように思った。

日本がこの地球上で生きてゆく問題は経済だけではないのに、日本人は喜びすぎて経済しか考えない人間になってしまった。そこでわたしはお金以外にも心配を広げる人間にだんだん変わった。

それは今も続いていて、こんな本を引き受けて書きはじめると、テーマは「お金と国家」「お金と国際社会」から「お金と人生」にまで話が広がってつきない。

まるで酔っ払いが書いた随筆のようになるので、学問的な結論を期待される方には、学問的には零点の本ですとお断りしておく。ただし、私としては、学問的であること以上のものを求めて書いています。

大学で教える経済がそのまま実社会にあると思ってはいけない

まずは国際社会へ復帰するところへもどって書くとしよう。

日本人はお金をもってすっかり一人前になったつもりになったが、しかし、外国人のほうは、その忘れた部分をタネに日本を揺さぶってくる。

復帰しただけで安心していてはダメだ、いまのままならまたすぐ孤立するぞ、それがいやなら国際貢献として何か貢ぎ物を出せと言ってきた。あろうことか中国までがそう言って揺さぶりにきた。

またその揺さぶりに怯《おび》えていいなりになる人がいたから、向こうはくりかえしその手を使ってくる。そんなバカげたことがあるかと思っている日本人はたくさんいるはずだが、あまりその気持ちは表に出ない。出さない。マスコミが言わせないということもある。

国際社会の中の地位はお金だけではないとはみんな言うが、「じゃあ何ですか」と問うと、「ハイ、軍事力です」とは言わないで黙ってしまう。それがおかしい。

「お金より大事なものは国際社会では軍事力です」と堂々と言えばいいではないか。

「もっと大事なものは道義力です」、「道義なき国家は長持ちしません」と日本人は言いたいが、日本国は道義を口にする資格がないと思い込んでいる。また、道義は黙って実践するものだとの教えが日本人には浸透している。

日本中の大学に国際関係論の講座ができたが、教えているのは多分、経済と政治、それに少し文化を加えただけの国際関係論でそれ以外は教えていないらしい。

だが、経済と文化の相互関係もなかなかむずかしい問題である。経済はお金で、お金は貨幣で、それがなければ生活も事業もなりたたない。だから人間はお金を儲けなければと、目を血走らせるのは出発点だが、幸い豊かになるとお金をめぐる世界にも秩序や道義や文化が入ってくる。

歴史が古い日本はその点では先進国だが、大学ではそんなことは教えてくれない。欧米式の経済学や貨幣論を教えてくれるが、それはちょっとシンプルに過ぎて日本人の心情や生活には合わない。

商品は安ければ良いと学問は教えるが、常識はむしろ〝安物買いの銭失い〟である。どちらが正しいかは国によってちがう。学者は〝他の条件にして等しければ〟と書きそえればこれで文句はないはずだと考えるが、庶民は〝他の条件が等しい〟ことは絶対にないとわかっている。

昔話で恐縮だが、その頃、銀行は預金集めにカレンダーをタダで配って歩いた。美しくてなかなか好評だったが、相手は格の高い銀行のカレンダーを社長室に貼るのがうれしいらしかった。同じ取引条件の金融商品でも銀行の格や評判がよいとトクをするのである。格や評判や好みは金融市場論では教えてくれなかったが、現場を歩いてみるとなかなか大事な条件だということがわかった。

ドラッカーはこう言っていた。

〝現場を歩けばノイズ情報がたくさん得られる。それを切り捨てて考えるようでは経済はわからない。ノイズも含めて総合的に考えられるようでなくてはいけない〟

そもそも何が本質で何がノイズかは、観察者がそれぞれに規定すべきもので、黒板の上で教わったものは単にA教授やB教授が規定したものにすぎない。

それをわかるために大学へ行くのであって、大学で習ったとおりのものが実社会にそのままあると思ってはいけない。

「見てから規定すべきで規定してから見るのでは真実は見えない」。誠に名言である。

経済学でお金の本質は解き明かせない

人々には金銭欲もあるし、それを超えた見栄や自尊心やそれを含めた風流の心やユーモアの心もある。

〝古池やかわず飛び込む水の音〟でも〝焚くほどは風がもてくる落ち葉かな〟でもいい、俳句や和歌に下の句をつけて茶化すというか落とすというか、そういう遊びがあって、人気がある下の句は「それにつけても金のほしさよ」だ。

それをさらに茶化して、「世の中で金と女は仇なり　早く仇にめぐりあいたい」という戯《ざ》れ句もある。

どちらも貧乏人がいだく切ない願望を洒落《しゃれ》に託したものだが、お金っていったい何なんだろうと考えさせる何かがある。

大学の試験で、「貨幣の本質を述べよ」という問題が出たときは、「貨幣は価値貯蔵手段であり、交換手段、決済手段であり、価値の尺度機能である」と書けば一応合格だが。ところでこれはすべて「将来を信用している」ということである。大人ならそこまで感づく生活の知恵やセンスがなくてはいけない。

まず価値を貯蔵するということは、何かを信用していなければ成り立たないことである。たとえば、今夜中に大地震がくるとか、自分が死ぬとか、そういうことはないものと仮定して、このおいしいケーキの半分は明日までとっておこうとすることである。

しかし、その仮定には根本的な疑問がある。今夜、絶対に何も起きないとは誰にもわからないではないか……である。とすれば、何も起こらないと想定して価値を貯蔵するということにはリスクがあり、リスクは確率の問題だということになる。

次に交換である。自分が魚を一匹渡して、相手からカボチャを三つもらう。はたしてこれがほんとうに等価値なのかと考えだすときりがない。しかし、ともかく自分は納得したとする。これを主観価値という。

ところが客観価値は別だよと誰かに教えられて、カッとすることがある。市場へ行けば四つになるとか、四、五日待てば五つになるとか。

だが、そもそも客観価値の存在をなぜ信じるのかと、不思議である。なぜならば、客観価値はフィクションであり、主観価値は実在だからである。世間相場ではカボチャは五つだとか六つだとか、客観価値のほうが本物だと教える学者がいるが、これは学者のほうがあやしいのである。

経済学は学者を信用していないと成り立たないが、わたしに限らず多くの人は幼児体験で、学者なんて信用できるか、空理空論を教えるバカではないかと思っている。

教授のほうもそういう殺気を感じて、いろいろ道具立てをする。ここは国立大学であるとか、自分はプロフェッサーであるとか、この教えには出典があるぞとか、立派そうな建物を建ててその中で教えるとか、である。

アメリカの大学では教授専用のサロンや食堂があって、それを〝ファッカルティ（才能がある人）〟クラブと自称しているのは日本人には不思議な神経である。

大学にはたいへんこけおどしの図書館が必ずついている。それをみるとほんとにアメリカ人はいかに野蛮人かがわかる。ギリシャ風建築の図書館をつくるから建物のほうに予算が行っている。（日本の市役所や美術館もその真似をしているけれど）

とにかくアメリカの大学に行ってごらんなさい。インテリジェンスよりも先にアカデミズムの演出が花盛りである。学問、真理を尊重する心が少ない人々を無理やり集めて、授業料を巻き上げようという道具立てがこんなにもいるのかと思ってしまう。この人たちの心の中にはアカデミズムが根本的にはないんだと納得する。日本とは全然ちがっている。

主観価値なくして実社会の経済は判断できない

そもそも人はなぜ経済学を信用するのか。

経済学部に集まっている学生をみると、一流大学の経済学部の学生になったから、もう就職は安心とか、有名教授の顔をみたら半分ぐらいわかったような気がしたとか、図書館に入ってよろしいというパスをもらったら、中の本を大方読んだような気がするとかの人が多い。

こういう人は学問には本来縁がない衆生《しゅじょう》である。多少でもできる人は、そういうふうにはならない。

六〇年代のはじめのころ、一橋大学に坂本二郎という天才的な人がいた。なぜ天才だと言わないかというと、天才かどうかの価値尺度が、わたしには半分ぐらいしかないからである。正確にいえば天才とはわたしが手をのばしても届かないような人である。

彼の話で面白かったのは、一橋大学の図書館にある本、経済に関しては自分は全部読んだと言ったら、恩師・中山伊知郎が信じなかったという話だった。

「先生、全部読んだんですから。ほんとですから信じてくださいよ」と言ったが、中山伊知郎は信じてくれなかったと、彼はわたしにぼやいた。

わたしは、そんなバカなことをしないが、坂本二郎が「全部読んだ」と言うのはありうることだと思って聞いた。ただし、だから坂本教授は偉いとは思わない。好きで読めばそれはありうることだという意味である。

そういうのは人間の性格だと思う。頭の良し悪しではない。性格である。デスクワークに耐えられるのは能力なのか、性格なのか、それは知らないが、生まれつきそういう人が成績がよくなるだけのことである。おまけにそういう人は、先生との折り合いもいい。なぜかというと、先生にもそういうタイプの人が多いから、ウマが合うのである。

わたしなら、坂本二郎氏がやってきて、「図書館にある自分の分野の本、全部読みました」と言ったら、「おおそうか、もう上がったか。じゃあ次は何をするんだ」と言う。それはありうることだと思っているから、「おまえ、ウソだろう」なんて、絶対言わない。

本は精読でなく飛ばし読みでも乱読でもよいというのが私の出発点だからである。

教授は後進に対し文献の精読を要求して詳しくテストするが、それは博士や教授として世に出るのに必要な道具立てを点検しているのであって、学問的な到達水準のテストをしているわけではない。乱読でも成果を上げる人はいると知っている人は知っている。

ただし、教授を長くするとそれを忘れる場合がある。

発明の天才で、光ファイバーをつくったが、日本では認められず、十年ぐらいたってアメリカで褒められた、という人がいる。この人と対談したときのことだ。話がひととおり終わってから、「ところで先生、業績のない天才についてはどんなお考えをお持ちですか」と聞いた。そうしたら、「ナニ、業績のない天才？ そんなものは何でもないだろう」と言ったので驚いた。

あなたは光ファイバーを発明したが誰も褒めてくれないという、要するに業績ゼロの状態が十年続いたが、そのときでも自信を失わなかったんでしょう。そういう後輩が今でも山ほどいるということについて、どうお考えですか、とわたしは聞いたのだが、わかっていただけなかったようである。

わたしが期待していた答えは、「業績というのは人に認められるまでには時間がかかってね。その間、ちゃんとプライドをもって着々とやっていくためにはこれこれが必要なんだ。それでわたしは自己を見失わずにすんだんだ」というような話を引き出して、花を持たせようと水を向けたのに、「業績のない天才、そんなものはない」とは、がっかりした。

これでは画期的にすぐれた後進の発掘や育成は期待できない。「客観的な価値の存在」についての認識が主観的に確立していないのである。

アメリカや文科省は業績審査についていてむずかしいことを言うが、本来〝業績〟は世間の評価にすぎないと思わなくては新天地を拓《ひら》く創造的活動はできないのである。

天才と天才的をわたしが区別した理由をまとめると、「天才的業績はまわりの人にわかる」しかし「天才は天才にしかわからない」というものである。

これでようやく話が本題にもどった。カボチャが四つとか五つとかの客観価値は実は市場価値で、それは市場に集まった人がそれぞれにもっている主観価値の合成物である。

だから自分もある程度の主観価値をもって参加しなくては〝今日の相場は安い〟とか〝最近、高止まりしている〟とかの判断ができない。そうした主観価値はないまま、市場に参加する人は罫線屋になるが、その話はまた後でしよう。

十三、十四、十五歳のとき、自分は何かということが見えていた人は、成人後、後輩が見えるのだ。しかし、少年のころ、ただ上に褒められたいとか、褒められたとか、要するに自分がない生活をしてきた人は、後輩の中にいる若き天才が見えない。こういう人はあとが伸びない、ということを、わたしは晩年に発見した。

お金の本質を知るには子供時代の精神教育が大切

そういう経験を何度もして、後輩の見えない人は少年時代も自分や事物の本質についてては暗かったんだなあと思い、では自分が少年時代、少しは見えたのはなぜかと考えて、それは学問知識ではなく精神教育であることに思いあたった。

人は謙虚であれとか、己を見失うなとか、己の中には無限大の可能性があるんだから絶望なんかするなとか、人は誰でも仏性をもっているとか、これらはあまり証明がない空虚な教えなのだが、しかし、そうなのかもしれないと思う態度は知らぬ間に身についていたのである。

どんな人にも、何か取り柄はあるはずだという態度が身について、いつも用心していた。おかげでこの世を大きな失敗をせずにここまでこれた。

精神教育は偏差値の足しにはならないかもしれないが、なかなか大事なものである。ヨーロッパ社会は、神童はこの世にあるものだ、天才はこの世にあるものだということが前提になっているらしい。十一歳でハーバード大学へ入学して、十三歳のときには博士号を二つ持っていたとか、そういうことになるのは、まわりがそれはありうると思っているからそうなるのである。

しかし日本ではありえないと決まっているし、そう決められていることは子供もよくわかっているから、子供は子供らしく何にも言わないで暮らしている。

社会が共通に持っている前提は、共通に持っているから意識しないが、だからこそ、その虚実についてはたえず用心してきた。上には必ず上があるとか、博士論文に合格しても、それはほんの入り口にすぎないとか。日本全体にそう考える風土があった。わたしはその中で育ってきたから、こういうふうに長持ちしたんだと思う。

ところが、すぐ簡単に思い上がるバカ少年やバカ少女がこんなに増えたのはなぜだろうか。日本では人のことをバカと言ってはいけないが、しかしそう言ったほうが意味が通じやすいからときどきは使ってみよう。養老孟司先生が『バカの壁』という本を書いてくださったことに感謝して。

偏差値が上がったら、できたと思うだろう。東大に入ったら、やったぁと思うだろう。しかしそれが一〇〇％の人間になってはいけないのに、それがわからない人がいるからそれをバカと表現したのである。

こういう子供は、一言でいえばまわりを信用しすぎる子供である。年長者とか社会秩序とか、権威を信用する子供は、お金も信用してしまう。国債とか株とか紙切れも信用する。その正体までさかのぼって調べようとしない。がそれは、学究的ではないし、現実的でもない。

たとえば「株」とか「社債」を、百科事典で引いてごらんなさい。

〝それは会社が発行いたします。発行するにあたっては、その会社が発行する資格があるかどうかを、社債ならば社債引き受け銀行がよくよく調べて、この会社は百億円までは社債を発行してもよかろうとなれば、その銀行が引き受け銀行になって、一般に売り出します〟

と説明している。

そのとき、銀行にどんな責任があるかどうかまで確かめるのは、商学部出身の人である。彼らはプラグマティストだからそう考えるが、経済学部出身の人はそこまでいかない。立派な大きな銀行が引き受けたからには、ある程度責任をとってくれるだろうとか、銀行の担当者は会社へ行ってよくよく調べたのであろう、百億円までは大丈夫と会社の資産を評価して認定したのである、という制度の説明だけ聞いて信じてしまう。

制度はそうなっているが、やっているのはどんな人かと、人間までは思い浮かべないのが机上の経済学の悪いところである。あるいは法学部の悪いところである。

たしかに法律的には二重、三重にカギがかかっている。が、それで油断していると、カギは全部外れていることがある。

そこへいくと、わたしのように生い立ちの悪い人間はプラグマティズムである。

終戦直後、闇市へ買い物に行くと、朝鮮人その他が賑やかに店を出していて、そこはキャッシュ・オン・デリバリーの世界である。明日なんていうのは全然ダメ。明日はその店はないかもわからないし、客も明日は来ない自由がある。

しかし日本人の店は、明日を信じる。「明日、お金をそろえてくるから置いといて」と言うとそうしてくれる店がある。それから、少しでよいから前金を置けという店もある。

秋葉原で少しだけ店をだましたことがある。米軍払い下げのラジオの部品を道端に並べて売っている人に、わたしは高校の理科実験部の学生だが、これを三十個まとめてほしい。ただし今日は先生に見せるために一つだけ買って帰るから安くしろと言ってみたら、ホントにそうしてくれた。はあ、こんなに簡単なものかと驚いた。

秋葉原を通るたびにこのときのことを思い出して悪い少年だったと反省している。ともあれ、こういう経験を子供にさせてから、経済学部へ入れなさいと思っている。

昔のアダム・スミスの頃は、イギリス人全員がそういう経験ありである。むしろないのはアダム・スミスだけかもしれない。

しかしアダム・スミスには謙虚さがあった。自分は王侯貴族に対して統治のための人間学や政治学や経済学を教えるために理論整理をしているだけで、実際の商売のことは知らない、という謙虚さがあった。

彼自身が売買取引をあまりしたことがないから、「経済とは」と書いているが、だいたいは通説の集大成らしい。だから国富論はわかりやすくて広く読まれたという解説がある。ピンをつくる工場には大量生産の利益があるという例証が有名だが、そんなことは産業人にとっては珍しくもなんともない。みんなやっていることを書いただけだから。あれを読んで喜ぶ人は、むしろ商売以外の世界の人である。

経済学を学ぶ利点は、経済学者に騙されなくなること

わたしが中学三年生になったころの日本では、電気があまっていた。戦争が終わって、軍需産業用の電気がいらなくなったから、電力だけは豊富にあって、電気を使ってめしを炊く、電気を使って農業をやる。モーター付きのカルチベーター（耕耘機）なんてのも出現して、電力の大量消費が奨励された。

電気自動車もあった。「たま」という重いバッテリーを抱えた電気自動車会社があって、そのタクシーもあった。それから電気を使って肥料をつくった。そのときいちばん簡単につくれるのが石灰窒素という黒い肥料で、これには毒性があった。が、しかしそんなことよりも何よりも食料増産の方が急務だった。

――といったことはさておき、電気が豊富だというので、闇市へ行くとニクロム線をたくさん売っていた。電気を通すと熱を発するから、これでいろんなことができた。

わたしは芦屋の大邸宅の空襲による焼け跡に転がっている電気ストーブを拾ってきて、そのニクロム線をリサイクルした。もともと発熱体だから本体は焼けても発熱体は大丈夫

である。その後ニッケルは貴重品だから鉄に代用して、鉄クロム線というのが突如あふれだしてきた。それを買ってきて、パン焼き器やめし炊き器やストーブを手作りでつくって、隣近所に売っていたら儲かった。

高校一年のわたしは、学校に行くのをやめて、電気屋をやろうかと真剣に思っていた。父親に代わって一家を養うためである。しかし奇跡的に外地から帰ってきた父親は復職して、おまえは勉強して大学へ行けと言った。

商売のほうがよっぽど面白いとは思ったが、リスクが大きいこともわかっていたので、安易な勉強の道を歩むことにした。あのまま電気屋をやっていたら、松下幸之助かホリエモンか、お金については波乱万丈の人生をおくっていただろう。食うためならたいていのことは正当化される時代と社会だった。

中川電機という会社があって、身近な電気器具をつくるところから始めて、昭和三十年頃には洗濯機や冷蔵庫をつくるところまで成長した。その中川電機に、ナショナルが「たくさん買い上げてやるから、借金して工場を二倍にしなさい」と言ったらしい。

ありがたいというわけで、中川電機は借金して工場の規模を二倍に拡張した。ところがナショナルは、そこで買い上げをストップし注文を止めてしまった。当然、中川電機は倒産寸前に追い込まれる。するとナショナルは安値で吸収合併してしまった。

「中川はいい製品をつくっていたからな」という町の声を聞いた。

こんな話は日本中にたくさんある。

和歌山の写真現像機メーカーであるノーリツ鋼機の社長も同じ状況に追い込まれたが、発奮して、今後絶対、大企業の下には入らない、そのためにはわが社の独自製品を持たなければと決心してようやく今日に至りました、という話をしてくれた。

大企業が中小企業に対してそういうことをするのはアメリカならトップの仕事だが、日本なら常務か部長でもした。M&Aとかは別にアメリカ伝来とは限らない。

もしもあのとき学校中退の電気屋を続けていたら、たぶんわたしもその道を歩んで、成功か乞食か、という人生を歩んでいただろうと思う。

成功したほうを想像すると、学歴へのコンプレックスや、大企業への闘争心が心の中に渦をまいた人間になり、息子には何が何でも大学に行けとか、娘には官僚と結婚せよとか、――で、せっかく儲けたおカネはそのほうの資金につぎこんだことだろう。今のわたしにはそんな消費動機がないからその分だけ収入が少なくてもすんでいる。

柄の悪い人が多い町に住んでいたから、そういう人を集めて何かやっていれば、町工場だけでなく闇物資のブローカーやナントカファンドをやるようになったかもしれない。もちろん失敗の可能性が多いが、失敗したときのことは書くまでもないだろう。

ともあれ、これはわたしがプラグマティズムの立場に立つ人間だということの説明をしているのである。本書ではその立場からアカデミズムの限界を指摘したり、ある程度は評価しているのである。

ジョーン・ロビンソンという不完全市場論で尊敬されている女性のイギリス経済学者のことを書いておこう。

〝経済学を勉強するとよいことが一つだけある。それは経済学者に騙されなくなることだ〟

そもそも〝不完全市場論〟は独占市場でもない自由市場でもないその中間が現実にあるもので、それを不完全市場と命名して論じているのだから現実主義に立脚した論である。

これでもわかるとおり、ロビンソンはアカデミズムのガチガチではない。

学者同士の議論は理論的厳密さを追求してとかく現実離れになりやすく、しかも論争ではそのほうが勝つから困ったものである。

このお金の話でも現実の世界に生きるわれわれは、経済学は無用ともいえるし、少しは勉強しなくてはならないともいえるとはまことに面倒なことである。

お金をつくりたいならどんな選択肢もある

あれやこれやでわたしは、自分の男の子にはこんな教育をした。

小学生の五年か六年の頃に、おまえは金が欲しいか、名誉が欲しいか、それとも自分自身の安心が欲しいか。そろそろ考えたほうがいいぞ、と言った。三つとも欲しいだろうが、その場合はその配分比率は自分が決めるんだよ、と話した。

おまえのお母さんのほうの親戚は偏差値ばかりを問題にする。男の子はすぐお母さんについていく。だけど、勉強なんかいくらできたって、得られるものは少ない。父親の私を見ればわかるが、経済学部を出ただけではダメで、かなり運がよくてようやくこんな生活をしている。

何といっても人生の基本は金で、ある程度の金がなくては何事も始まらない。金があればうんとラクができる。好きなことができる。

その金をつくるいちばんラクな方法を考えるために学問がある。庶民にとってはそれが学問である。しかし貴族にとっての学問は税収をふやす方法かまたは統治の原理を考えるためのもので、そのほかには自分のヒマつぶしがある。だから、それを庶民はマネをしてはいけない。

ところで金をつくるにはまず家のまわりを見ることだ。田畑がいっぱいある。これがみんな一坪百万円だ。ほとんどタダだったのが今は百万円になって、もしかしたら二百万円にまで値上がりする勢いだが、そのとき社会はどうなると思うか。

私は終戦直後、焼け野原のときにそれを考えた。

当時は一坪百円、二百円で土地が買えた。が、そういうときは元手がない。利殖の思いつきを金持ちの友達にすすめるのが関の山だった。地主のお嬢さんと結婚すればよいと思ったがそれはしなかった。金よりは心である。が、しかし、金もいる。両方を得るには何をすればいいか。まずは勉強だが、ほかにもある。

たとえばスポーツがある、あるいは文化や娯楽系の道もある。その道はツキがないとダメだが、でも、そういうのをやっておいて絶対に損はない。

だから大学はどこでも行けるところへ行って、友達をたくさんつくって、スポーツをやり、歌も踊りもうまくなって、大地主のお嬢さんにもしも、好きな人ができれば結婚すればいい。何も金目当てじゃない。両方が好きになればそれでよい。それから二人は、この辺でテニスコートとかアパートとか、ガーデニング農業とかをやればいい。

そういう生き方を低級だと見るのは、おまえにまだノーブルさが足りないのだ。ノーブルさが十分にある人は、何を見ても低級だと思わないで、面白いと思うんだよ。

小学校五、六年ではあまりわかってくれなかったが、中学校一、二年までそんな話をしていた。

何でも上下をつけて、下を軽蔑するというのは中流の悪いところだ。もっと上にいってしまえば、そういうことは気にしないものだ。でも気にして、テニス教室とアパートのオヤジではイヤだというのなら、私立学校をつくるとよい。予備校でも文化教室でもよい。

親が金をもっていると子供はニートになりやすい

彼は予備校の世界では、成績ベストテンの常連だったから、偏差値の世界では多少有名人だったらしい。その頃「予備校が成績発表のときに使う、ニックネームを考えてくれ」と言うから、「ふわり上昇気流」とつけてやった。彼はそれを愛用していた。

三十歳、四十歳になったとき、「『ふわり上昇気流』というのはあなたのことでしたか。いい名前でしたね。私はそれに憧れてずっとやってきたんですよ」という人にときどき会うと言っている。

「ふわり上昇気流」というのは、人生は成り行きまかせのほうがいいよ、という意味である。

自分は何になると決めて、達成したから偉いというのは、文部省が教える話であって、それより風まかせ波まかせで、しかもちゃんと自分を見失わないという人生がある、と言ったところ、子供はそれを真に受けてやっていたらしい。

つまり、塾で成績が上になるのは自然になっちゃうんだから、仕方がない。勉強がほかのことをするより好きだから、やっているという子供がこの世にはいるのである。息子のほかにもたくさんいた。

ただし、日本社会はそういう子供がいるとは認めないから、その子供の処遇を社会や政府は考えない。ヨーロッパや当時のロシアには天才抜擢システムがあったが、日本にはない。


彼は中学三年まではそうかと思っていたらしいが、中学三年になって急に「お父さんの言うことはもう聞かない。ぼくは一流大学へ行く」と言いだした。

「バカだね。こんないいことを教えてやっているのに。東大に入って何になる」と言ったが、彼は「地主の娘さんと相思相愛で結婚するケースはどうも確率が低い。それより東大に入るほうが確実だからまずそこから始める」と言った。それはそうなったが、いまだに金持ちにはならない。

いまだに親に頼って暮らしているからニートかどうか知らないが、親がお金をもっていると、子供には儲ける必要がないからそうなる。男の子が働く気になる動機の一番は〝お母さんを楽にしよう〟だから、その機会を奪われたニート達はむしろ気の毒である。父親の長生きと働きすぎは息子によくない。

ニート達はお金とは別に自分の存在価値や意義をつくらないといけないとはたいへんなことである。親の長生きが子供の自立を妨《さまた》げているが、逆からいえば親が死ねば子供はシャンとするのだから、案外これは小さい問題かもしれない。

つまり、お金は人生の幸せの中の一部分にすぎないのである。金を愛したり金を信じたりするということは、その奥にある何かを信じていることだから、それについて書いてみよう。

戦争なら人が死ぬ。ビジネスなら倒産する

この十年間の経済で、株を買うのは危ないということは、だいぶわかってきたが、もともと証券類は全部危ないのである。あれは紙で、その紙の奥にある実体は、自分で行って目で見て確かめなければわからない。

サラリーマンの仕事はたいてい書面審査だが、証券の授受はその中ではいちばん緊張する仕事である。

まずは券面の記載事項に洩れや誤りはないかを見るが、一億円がヒト桁ちがって十億円などでは困る。これは注意力があればできる。

その次は実体について考える。約束手形は特にご用心ご用心で、乱発されていないか、そもそも商売は順調かどうかなどを判断するのはむずかしい。

〝社長にときどき会って雑談するのが一番だ〟と教えてくれる上司がいたが、そんなことができるようになるには当方にも人生経験が必要だった。まだヒラだから何か面白い質問をしないと社長が会ってくれない。

「そこまではやらなくてもいいんだよ」と何度も上役に言われたが、なぜとわたしはいいたい。

「やらなくてもいい」という意味は、机上判断ですませても、

1、謝絶したことを怒ってくるお客はいない。

2、銀行の中もこれでとおる。

3、半年に一度の行内検査も実態調査が不足かどうかまではみない。

4、銀行を騙そうとする人はいない。

5、不都合が生じても埋め合わせの方法はいろいろある。

等々で、なるほどそのとおりだと感心したが、しかし私は戦記物の愛読者なので、そんなことではすまなかった敗北の実例をたくさん知っている。

戦争なら人が死ぬ。ビジネスなら倒産する。

わたしは根が真面目らしくて、一時、銀行の仕事を完璧にやってやろうと思ったことがある。経済学部出だから法律が抜けていると思い、自分のやっている業務に関する法律、通達を全部マスターしてやろうと思って勉強した。その頃は、銀行のなかでわたしがもしかしたら一番くらい、仕事に詳しかったと思う。そんなことは誰も知らないし、わたしも

別に言わないが、面白いなと思ってやってみた。

その結果、わかったことは、先輩の大部分はみな要領でやっていて、手抜きだらけだということだ。

ところがもっと上の先輩の、五十歳以上の人は昭和大恐慌を経験しているから、そういう用心は必要なことだと言う。そのぐらいのことは警戒しておかなくちゃいかんのだという話をする。大恐慌について本ではなく体験で知っている。

一九二〇年に二千四百あった銀行が、一九四〇年には五百に減っているから、少なくとも千九百人の頭取が失業している、そのとき株券とお客の預金はパーになり、貸付金の担保にとった土地は売れなくなり、行員は四散した。刑務所に入った頭取も何人かいる。

そういう激変期を体験した人がいて、そういう人は、「おまえの言うとおりだ」と言う。ただし、もはやあんなことは二度と起こるまいと油断しているから、「ほどほどでいいよ」と忠告してくれたのである。

実際そのとおりで、マジメに仕事をすると、行内の評判も取引先の評判も両方が悪くなりかけるとは、いい勉強だった。

世の中の常識も経済も、上下する

銀行の実務でいうと、土地を担保にとるとき、「担保掛け目」というものがある。ある土地を、社長は「一億円で買った土地だから、一億円の価値がある」と言う。これを取得価格という。または簿価ともいう。それから「今もし売れば一億二千万円ぐらいです」と言う。これを「処分価格」あるいは「時価」という。

またこの土地を使って自分は今こういう商売をしていて、毎年二千万円ずつ儲けが上がっているとしよう。そのとき国債その他の一般金利が年一〇%だとすれば、この土地は二億円の国債と同じ価値があるという。これは「収益還元価格」といって、毎年二千万円ずつ儲かる資産は土地でもマンションでも証券でもご主人でも（奥様からは）二億円に評価される。

もしも低金利時代がきて一般金利が年五%になれば、四億円にジャンプする。つまり収益還元価格は上下が激しい。

このように同じ土地の値段でも、取得価格と処分価格と収益還元価格と、三つ違うということは、銀行に入ったら教えてくれる。

大学の経済学部でも教えたほうがいいと思うが、ともかく銀行に入ったら、否応《いやおう》なく教えられる。しかし、この処分価格と収益還元価格には未来予測が入るが、それをどうするかということは教えてくれない。

その教えてくれないことをやるのが、担当者の楽しみで、腕の見せどころだった。

ということは人によって評価はちがってくるということだから、そのリスクを軽減するため、それぞれの銀行は、「担保掛け目」を融資手続きの規則に決めていた。土地の場合は〇・四、機械の場合は〇・八と書いてある。土地の評価がもしも一億円と出たら、掛け目は〇・四だから四千万円以上は融資するな……である。

昭和三十年代の日本経済は順調だったので、「〇・四とはちょっと厳しすぎますね」と言ったが、年配の人は賛成しなかった。地価の大暴落を経験しているからだが、しかし若い上司は、「〇・六か〇・七ぐらいまでは、おまえが勝手に修正してもいいよ。理由さえうまく書けば当行では通るよ」と言った。

それが昭和五十年頃になると、「一・〇でもいいぞ」ということになる。一億円の土地を担保に一億円貸してよろしいというわけだ。土地は一年もすればまた上がっているのが世の中の常識になって〝バブル〟となり、やがて破裂した。

つまり、世の中の常識はわりと簡単に上下するものであって、規則で〇・四と決めておいても、簡単に破られてしまう。

土地の値段はこの二十年間、一度も下がったことがないから、たぶん大丈夫だという感覚のほうが勝つ。

もう一つは、ライバル銀行が〇・八でも貸している。一・〇でも貸している。「当行だけ硬いことを言っていると、お得意様に逃げられる」と言う。が、これもまた雰囲気だった。「よろこんで追い越されましょう。経済は一上一下するから、トップを行くS銀行はいずれ倒れますよ」と言うと、「そんなことは頭取になってから言え」である。

結局、長銀はそれで倒れた。S銀行他も大合併になった。

生きたお金の使い方は、学校では教えてくれない

結局のところ、銀行のなかでもやっているのは人間で、その人間は雰囲気で動いていて、他の銀行も同じようなことをやっているのだから、他行の例も頼りにならない。

不動産鑑定士の鑑定も会計法人の監査も同じである。

一九七〇年頃、高度成長がはじまって〝土地転がし〟で儲けるのはケシカランとマスコミが騒いだとき、建設省はそれでは土地の適正価格をわが省があらかじめ決定して公示すればよかろうと思いついた。

そのためには不動産鑑定士という資格をつくり、価格の鑑定方法を教えて試験をすれば専門家による「客観的で公正な価格」が得られるだろうと考えた。これは計画経済の発想だからわたしは反対だったが、たまたまその頃のわたしは土地・住宅・都市に関していくつかの著書があり、審議会委員もあれやこれやを頼まれている俄《にわ》か有識者だったので、不動産の価格鑑定はどうすれば可能かについて意見をきかれた。

結局、でき上がった制度は「取得価格」と「近傍類似地の最近売買事例価格」と「収益

還元価格」の三つを独立に算出してそれらを総合し、それを専門用語で文章に書ければ合格というものだった。

しかし、その作業の要所要所には〝ニラミ〟や〝見込み〟が入っているから当然、答えは高低の幅が大きい。

そこで鑑定の依頼者は「三ヵ所に鑑定させて、鑑定が三つ出てきまして、中をとりまして……」などになる。結局、ムダなコストがふえた。

ホントの価格は何かと考えると、それは鑑定や評価ではなく、現に今ポケットに金をもっていて〝いくらなら買う〟とか〝いくらなら売る〟と言っている売買の当事者が考えた価格である。

その人がアドバイザーに意見を聞くことはあるが、アドバイザーが答えた価格は実行力がついていないから現実の価格ではない。それは〝言い値〟とか〝世間相場〟と呼ばれているものである。

この区別は重要だと思うが、それがわかるのは実業家や商売人であって学者・官僚・評論家・マスコミの人ではない。

実際に札タバを積み上げて売買する世界に実感がないのである。彼らはサラリーマンだから責任逃れが第一で、上司や周囲に説明がつけられるかどうかに一番の関心がある。そこで専門家に外注するのであって、そんなことだらけになると会社も国家もやがては傾くのである。仕事に真実味がなくなり、コストが高くなり、時間がかかる。

その人個人も、もちろん傾く。

世間相場を気にして、身のまわりをそればかりで固めた人には生きている喜びがないのではないか、といつも思っている。

生きたお金の使い方というのがあるが、その勉強は学校では教えてくれない。

協調融資とは〝責任分担〟ではなく〝責任分散〟

話が古いが、日本鋼管、今は英語のJFEという会社になっているが、あそこが大三島に大製鉄所をつくるとき、そのお金の一〇%は長銀から借りるとかで、協調融資というのを組んだ。

その頃のことだが鉄鋼会社が六つに、銀行が十二行あるから、一社に二行ずつつけばよいと思うが、そうではなくある一行をメインバンクにして数行が少しずつお手伝いをする、という協調融資の慣行があった。

これは終戦直後の資金不足時代の名残りで、昔はどの会社も借り集めをしていた。新日鉄といえども信金・信組・農協まで借り集めたことがあって、その頃は取引銀行が多いのはむしろ心強いことだったかもしれない。

しかし、同じプロジェクトを十行が審査するとは会社も銀行も仕事が増えてしょうがない。向こうの会社は迷惑している。だから話し合って分けましょうよというのだが、なんともならない。企業のほうにも財務という職種があって、財務担当者は「十行との付き合いが大変です」と言うと、上が評価してくれる。

それから駆け引きもあった。担当者がA行へ行って、「B行の審査はOKになりました」と言うと、A行の審査部は安心して簡略化してくれる。そこで本気で審査する銀行はメインの一行しかないとか、一行もないとかが協調融資の実態だった。日本の金融界にはそんななれ合いがたくさんあった。

談合というより、単なる責任分散で、責任分担ではなかった。

「基幹産業」や「国家的重要産業」は誰がどんな理由で決めたのかは不明という不思議な用語だが、往時は多用された。

ともかく国家的需要産業だからという理由で、メイン銀行は自分以外の銀行に協力を求め、他行はお付き合いだからといって応分のシェアを引き受ける。

官庁はその仲立ちをして、応援している証拠に日本開発銀行などから長期低利の融資を投入する。協調融資は全員参加で、全員に少しずつメリットがあるというシステムだが、とりあえずのメリットの源泉はこの開銀融資だけで、それはもともとは郵便貯金が低金利だからだった。

だから単純化して国民は郵貯をやめて銀行に預金し、銀行は一行ずつ安全有利な事業に自己責任で貸せば、郵貯の人も政策銀行の人も官庁の人も不要だった。そうなれば人件費も事務費もビルディングも不要になるから事業会社はそれだけ安く借り入れできるはずで、それが一番、日本産業発展のためになるのにと思っていたが、それが小泉改革でようやく終わりになったのは、五十年ぶりに青空を見る思いがする。

日本の「国家的重要産業に対する傾斜的重点融資制度」は一言でいえば、〝責任逃れが芸術的に完成したシステム〟で、その被害を受けたのは預金者と企業である。

ただし、金融をめぐるインチキは世界中どの国にでもあるもので、日本はまだましなほうだと思っている。

官庁を信用するのは民間魂が欠けている証拠

わたしは「鉄・石油コンビナートとやらの協調融資に付き合うのはやめて事業一つ一つについて成否と採算を審査しましょう」と上の人に言ったことがある。わざわざではない。日本は外国とちがって食堂もトイレもエレベーターも廊下も、上と下がはっきり分かれていないから、下っぱにも意見具申のチャンスがある。並んでオシッコしながら、「常務、あれ大丈夫ですか」「日本鋼管の大三島製鉄所は、製鉄所として完成しないでしょう。社運を賭けてやっているというが、完成したとしても寿命を全《まっと》うしないでしょう。あそこは土地柄から考えて、製鉄業をやるような土地ではありません。そういう審査眼がわが銀行のみならず日本中にまったくありません」「会社自身にもないでしょう」

そもそも、将来のわが国鉄鋼需要量は一億二千万トンで、いずれは一億八千万トンにもなるというが、それは通産省がそう言っているから、とは無責任である。

どうしてそんなに官庁を信用するのかというとそれも責任逃れで民間魂が欠けている。

もしもわたしが通産省に入っていたら、その計算をやらされていただろうし、そうなればわたしは、日本の製鉄業は当分二十年間は一億トンが天井だと言って、孤立して通産省を追い出されるかどうかはわからないが、ともかく通産省内の雰囲気は量的拡大熱に浮かれているから、「将来の国内需要は一億二千万トン、その先は一億八千万トンと言っているが、そうした二十年後の予測を真剣にする人は省内にいませんし、製鉄会社内も同じでしょう。だから、社運を賭けることになるのは当行ですよ」と言うと、

「まあ心配するなよ。資金繰り償還ということもあるよ」と言う。

これは専門用語で、会社は赤字でも、資金繰りというのはまたどこかから借りてきて、長銀にだけは返すということである。わが銀行だけは裏切るまいという信頼のことである。

その理由を想像すると、何十年間もうちから向こうに対して不義理なことはしていないとか、頭取と社長は仲がいいとかが出てくる。が、それは平時の話である。

経済雑誌や経済新聞からみれば、銀行と製鉄会社は、両方とも不沈戦艦に見えるだろう。しかしそれでも危ないということはある。歴史上も何度もある。近頃もある。いずれも信用しすぎている。実際、この話もそういう結末になった。

歴史に学ぶお金の読み方

昭和恐慌に至る日本の甘さ

歴史の見方は面白くて、誰でも知っていることでいえば、昭和四年、五年、六年の頃、日本中、金詰まりになったことがある。お金がなくなって困った。日本経済はもともと体質が弱い、日本は二流国だとは世間普通の認識だが、この場合それでどうした……と考えると、それは英米などの一流国と張り合うからだという答えがある。が、ともかくそこへ関東大震災がきて、その傷がまだ癒えないうちに、アメリカの大恐慌が襲ってきた。

そのため台湾銀行が神戸の鈴木商店へ大量に融資したのが不良債権になった。そこからの連鎖倒産だが、鈴木商店が悪いことをしたわけではない。そのとき鈴木商店がしたことは土地転がしなどではなく重工業の育成だった。金はかかったが、造船、鉄鋼、機械、電機と、その後、戦争中も戦後も大活躍する企業と工場を鈴木商店はつくった。それに台湾銀行は金を貸した。

そのときの当面の目論見は間もなく海軍が巨大な予算をとって、戦艦八隻、巡洋戦艦八隻の八八艦隊をつくるという計画の外注を受けることだったが、アメリカ主導による建艦競争を相互に自粛するワシントン条約が成立したので、その目論見が外れた。それでも日本経済は繊維産業から重工業への動きを見せていたから、つくった工場は一応動いていた。必ずしもムダにはなっていなかった。

しかし、できた製品を輸出しようとすると、大恐慌に苦しむアメリカが輸入してくれなかった。それどころか南米諸国にも手を回して自転車やミシンやゴム製品などの日本の軽工業製品の輸出を妨害した。

そこで鈴木商店は満州と北支那へ行って、製品を売ろうとした。ところがそこはイギリスが押さえていた。ならば日本も政治を押さえなければ貿易はできないということで、北支那へ行って、段祺瑞《だんきずい》という男をバックアップした。段祺瑞が日本から金を借りて、軍隊を持って、イギリスを追い出すと言ったのを信じた。

そのとき日本政府はお金を直接は出せないから、郵便貯金から出した。日本興業銀行を通して段祺瑞へ、西原という個人の名前を使って貸した。西原借款という。もちろん最後は焦げ付きである。

これがイギリスであれば、軍隊を入れてでも取り返すところである。貸した金を返せというのは侵略戦争ではないと言うはずである。

中国にはもともと担保に出すものがない。一番いいのは輸出・輸入にかける関税で、イギリスはそれを押さえていた。港々にある税務署の所長はイギリス人になっていた。段祺瑞が資金繰り償還をしてくれるはずはないから、日本は新たな担保を開発すべきだった。その知恵はむしろ中国側の孫文にあった。

孫文は北の段祺瑞政権に対して、南の広東から革命を起こして、攻め上っていくとき日本に金を貸せといった。日本陸軍の小銃や機関銃を払い下げてくれ。それを買う金に使う、と言った。そこで日本は廃銃と称して払い下げをするが、まだ足りないからもっとくれと言うとき、孫文は東京へ来て、革命に成功したら満州を日本にやると言った。

あのとき、よしわかったと言って、満州は日本にあげますというのを、空証文でも何でもいいからもらっておけばよかった。

ところがそのときの日本人は、孫文という男は売国奴だ、あんな男は相手にできないとした。売国奴はこっちから見れば絶好のチャンス。よしわかった、かわいいやつだ、と言えばよかった。

清朝は大正元年に滅びて、袁世凱が大総統になるが、これが直ちに中国全土を支配して天下を取るということにはならない。しかし、袁世凱と孫文、表と裏と二股かけたのは、日本人にしては上出来だった。

孫文による辛亥《しんがい》革命は一応成功して、段祺瑞などの地方軍閥は没落して、中華民国という国が成立した。しかしその大総統には袁世凱がなり、なりそこねた孫文は、革命いまだならずといって広東に逃げて帰り、それからまた北伐をはじめる。日本はその北伐の金を貸したし、北京にも金を貸した。両方に金を貸した。要するに日本は、中国は統一しないだろうと見たのである。

ところが、これは日本人である限り逃れようがないのか、金を貸したら、借りたほうは恩義を感じるであろうとか、やがては返すであろうとかいう甘さがその頃からあった。しかしそれは相手には通じないで、きれいに踏み倒されてしまった。

そういうことは民間にまかせて、政府は条約を結んで軍隊を駐留させ、債権の保護ににらみをきかせるのが国際常識というものである。

だが、日本政府がやると、ＯＤＡと同じで、自分の金ではないから、官僚たちは気安くあきらめてしまう。

ところが、そういう政府の責任追及になることは言わないで、昭和恐慌の原因は関東大震災とアメリカの大恐慌と、東北でお天気が悪くて不作だった話が通説になっている。そのほかにアメリカの輸出妨害やイギリスの反日政策や中国の国内が四分五裂だったことがあると思うが、そんなことは調べないで、単に日本は軍国主義で帝国主義だったと言って終わりにしている。

それから円高政策と銀行の不健全経営を言わないといけない。昭和四、五、六年の不況は金融恐慌であって、日本の生産は落ちていないからである。

「債務奴隷」と「売られる娘」

お金の話はお金の世界だけにとどまっていれば売った、買ったや、損か得か、赤字か黒字か、貸したか返したか……で簡単な話だが、そこに人間や国家が絡んでくると話がむずかしくなる。

二千年前、ローマの人口の三分の二は奴隷だったというが、その中には「債務奴隷」というのがあった。借金を返せない人は奴隷にされて身体で返すが、返却すればまた自由人にもどれるのである。リベラルの語源は解放奴隷のことである。他人が立て替えてくれることもある。

では、その間奴隷には何をさせてもよいのか。労働させるのはよいとして、生命はどうか、名誉はどうか、となると時代により、国によってこれは千差万別である。

つまりお金の力はどこまでのものか、という話で、今の日本の常識でそれはヒドイとかを論じても意味がない。歴史を見ると、ヒドイ話もあれば、ヒドイ話だがちゃんと抜け道があったという話もある。

ローマやアメリカの話はさておき、日本でも安倍新首相と韓国の間で、従軍慰安婦の問題がまた蒸し返されているので、女性の身体を売ったり買ったりする話について書いてみよう。

話は昭和初期の金融恐慌時にさかのぼる。

二・二六事件で青年将校たちが反乱を起こした原因は貧富の「格差社会」で、貧の代表例には東北の農民は「娘を売った」という話がいつも登場する。格差の存在に心が痛むのは誰しものことだが、ここではお金の話として、当時の事実を書いてみよう。

娘を売ったというが正確にいうと、売ったのではなく父親が借金して、その弁済の保証人に娘を立てたのである。娘が弁済いたしますと言っただけで、別に娘の体を売るとは言っていない。

が、そのとき高利貸しは就職の斡旋をする。花街へ行って働けば、手っ取り早く返済ができると勧める。合意すると父親は何百円かの借金ができて田畑を売らずに済む。

その後、娘さんに魅力があって、誰かパトロンが引かしてくれれば、その金で返してもいいのである。

それから女郎屋にも言い分があって、売春は強制していない、自分は家賃をとっている。それから高利貸しが持っている債権を買い取ってもっているからその取り立てをしている。大事な保証人だから完済するまでは逃げないように見張るのは当然だとなる。

これは管理売春といわれるものである。管理が強ければ債務奴隷に近くなる。

そういうことをもっとちゃんと教えればいいと思う。それなのに、慰安婦をセクシュアル・スレイブなんて英語にして、世界に配布した東大教授がいる。

わたしはすぐ「VOICE」という雑誌に書いたが、慰安婦たちは高収益なので父親の借金は一～二年で返済しようと思えばできた。したがってそのときは廃業もできた。

廃業の自由があるのはいわゆる奴隷ではない。それは戦争捕虜の奴隷や掠奪してきた奴隷であって、制度としてローマやアメリカにはたくさんいたが、日本にそんな歴史はない。したがって「スレイブ」という英語をつかってはいけないのである。

日本は文明の程度が高いから、気の毒な人を見ると「奴隷同然」とすぐに思うが、それは文学的な表現であって、法律用語や歴史用語ではない。欧米の人からは誤解される。

奴隷か奴隷同然か、あるいは自由人かの区別はいろいろ考えられるが、欧米人の常識に従って定義すれば、廃業の自由があるものは奴隷ではない。そもそも日本には業者による管理売春はあっても法律による強制売春はなかった。

これは経済学部の人に注意してもらいたいが、貸すほうは、借りても返せる相手に返済可能な金額だけを貸す。返しようもないような金は貸さない。女衒《ぜげん》はお嬢さんを見て、このお嬢さんなら完済まで二年、このお嬢さんなら三年、と評価して金を貸し、それ以上は貸さない。だから娘は、私は百五十円で隣の誰ちゃんは百円でおしまい、といって威張っていたらしい。

そこには収益還元価格という計算がちゃんとあった。当時の用語でいえば上玉だから、まあ二年で返せるという計算をして、その金額を父親に貸した。十年もかかるほどは決して貸さない。

それから稼ぎがよい女性が足抜けといって完済してサヨナラするのを食い止めるため、女郎屋は次から次へと高価な着物の購入をすすめ、その代金を借金に上積みした。

そんな話だから娘さんにもどん底はどん底ながら、誇りと希望がないわけではなかった。一家の破産を救う誇りと、数年で解放される希望である。

それから処女を尊ぶ習慣が日本には昔からあまりなかった。農村には夜這いがあった。それは神世からの日本の習慣だった。

武士階級では多少、処女性は家の財産視されたかもしれないが、農民や商人では本人のものだった。アラブやヨーロッパの貴族では父親のものだったらしいが、日本では本人のものだった。これはいわゆる進歩的有識者に心得ておいてもらいたい基礎知識である。

それから、都市では人の前歴をあまり口にしなかった。あの人の奥さんは元、玉の井にいたとか吉原にいたとかを、みんな言わない。知っていてもそぶりにも出さない。昔は昔、今は今と考える知性と礼儀が普及していた。

また不思議だが、その女性自身が昔を自慢する場合もあった。ひた隠しとは限らない。ひた隠しに違いなかろうというのは、インテリや、高学歴の中流階級の人の世界の話で、庶民の世界では職業は自由で、稼ぎが一番で、その稼ぎで親孝行をしていればそれ以上の自慢はなかった。

というようなことだから、社会学部の人はそういう社会常識や社会事情をふくめた目で昔を見ていただきたい。金で売られたからかわいそうだというが、もうちょっと考えてください。そんなに日本人はむちゃくちゃじゃありません、人身売買はアメリカや中国の話です。それから文学部の人には文学用語を社会用語や歴史用語にもちこむのは慎重にしてくださいと申し上げたい。

ともあれ、お金はシビアなもので、男でも金で買われて命を捨てる話がいくらでもある。ただし、それは生活や人情の問題の解決に困って、金を決済手段や交換手段に使うから、金にものを言わせたとか言わされたとかになるのであって、もともとその問題はその前にある。働かないとか酒癖が悪いとか、金遣いが荒いとか見栄を張るとか、そういう人に目をつけて悪い人が近寄って、まずは金を貸してそれから少しずつ債務奴隷同然にしてゆくのである。

「カネが仇の世の中」になるが、たいていは自業自得である。

日本はお金のまわりに多くのものがくっついている

昔、わたしたちが子供のころは、貨幣経済が必ずしも浸透していない庶民の世界がまわりにあった。そこでは晩飯をおごってくれとか、子供を二、三日預かってくれとかの付き合いがあった。金が動いてないから、金が敵役になって出てこないけれども、お金じゃない迷惑のかけあいはいっぱいあった。

まあいつかは何かで返してくれるんだろう、というのは一種の信用だが、あまり信用していなくてもそうせざるを得ない相互扶助の社会があった。仏様が見ていてくださる——という宗教もあった。

結局のところ相互扶助が多いコミュニティは住みやすかった。最終決済では少し損でもよかろうと思うのは生活の知恵でもあった。それが、貨幣経済が浸透すると、お金にしていくらかということになった。

「開運！何でも鑑定団」というテレビ番組をみると、わたしの祖父は大工で、工事のお礼にこれをもらいましたといって、立派なような怪しげなようなものが出てくる。

鑑定団の先生は「ホンモノです」と鑑定してから、「このごろこの作品には人気がないんです」とか、「愛好家がいるから、これはこのくらいで売れるでしょう」とかの、マーケット価値を言う。そして最後に「よいものですから大事に使ってあげてください」と言う。所有者も「わたしは気に入って満足していますから、これでいいんです」と言う。

これは主観価値と客観価値の相違なのだが、こういう話で主観価値が登場する日本は文化的な国だな、と思う。

同じようなイギリスの番組をみると、イギリス人は市場での金額を聞いたら、それで終わり。「私のおばあちゃんの思い出で、おばあちゃんが大事にしていたから」とか、「わたしも気に入ったから」というセリフはほんとに少ない。

おじいちゃんが中国へ行って買ってきましたとか、インドへ行ってましたとかの由来は言うが、問題は値段で、売ったらいくらだから保険をつけなさいと鑑定人が言う。番組のスポンサーが保険会社である。あら、そうですか、とニッコリで終わりだ。

ところが日本人は「作者はどんな人ですか」を気にする。

お金のまわりにくっついているものが日本は多く、そういうのが少ないのがユダヤ人である。そしてそれがあまりにも少ないと嫌われる。

まわりにくっつくものが日本にはなぜ多いかといえば、歴史が長いからである。文化的価値の評価を共有する人の人口が、昔は三千万人、今は一億三千万人と、なかなか大きい。それに比較するとフランス、ドイツ、イギリス、イタリアの各国の人口は、それぞれ日本の半分である。

江戸時代にさかのぼって考えると、日本の人口三千万人が統一されていたのはたいへんなことで、当時、欧米にそんな国はない。中国・インドの人口は多いが、日本ほどの統一性がない。

それだけの規模の人が同じ価値を共有していて、しかもそれが千何百年も続いている。そして意見交換が盛んで、価値の多様化を認め合っていた。だから主観評価が多種多様なわけで、客観評価というのはあるが、それは仮りのものだという認識が成立している。

文化のない理論経済学と、恨み骨髄のマルクス経済学

このことは、一億人の共同体がまず成立していて、その中でのお金なのだということを意味している。だから経済学は、共同体なきときのお金と、あるときのお金という二種類を考えなければならない。

ところが理論経済学は、共同体を前世紀の遺物だとか、得体の知れないものに価値を見つける人は特殊だとかして、排除する。そうしなければ理論経済学にならないからである。だからわれわれ日本人は、とくにわたしのような西日本の瀬戸内海地方で育った人間は、ヨーロッパ経済学を見ると、何という文化のない経済学だと瞬間に思ってしまう。

マルクス経済学を読むと、貧乏人が恨み骨髄で、貧乏の責任を支配階級に押し付けるために理屈をつくっていると、ほんとにそう思う。根本は「支配階級になる道が閉ざされている社会」で、その社会の成立と政策について論じてほしいと思うが、それが暴力革命肯定論だけとは失望だった。

でもまあ、理論化をあせるのならしかたがない。一応行くところまでいって、理論が完

成したらそれにまた風味をつけなさい、風格をつけなさい、バラエティをつけなさい、と言うのみである。それをマルクス一人にやれとは言わない。その後輩はやらねばならない。たとえばベルナー・ゾンバルトという人がいるし、マックス・ウェーバーという人も少しはやっている。でも、日本ではそれを教える人がいなかった。

マルクス経済学は「労働以外に売るものがない人」を設定して、そこから理論を構築している。多分、十九世紀のロンドンにはそういう人が多かったのだろうと思って読んだ。日本でもそういう人はいたから、彼らは心酔したが、多少でも才覚がある人はそんな設定を社会全部にあてはめるのはおかしいと思った。日本人全部が無才覚ということはないからである。

お金の世界にも西と東の違いがある

わたしが東京大学に入って最初に思ったことは、教授の多くは東北の人ではないかという印象だった。

端的にいって、関西人は大学教授にはならないし、なってもたいしてうれしがらない。商人から見ると、大学教授は変わり者がなるものである。お父さんは商売でたっぷり儲けた、おまえは商売に向いてないから勉強せいとか、娘の旦那にすると悪事を働く才がないから将来安心だ、世間体も悪くない。そこで、教授のところに嫁にやろうとか、そういう話である。

というわけで、わたしがその後、ベルナー・ゾンバルトとかマックス・ウェーバーをちょいちょい引用して書いた本が、東京では珍しがられる。関西であれば、おまえは何を力んでいるのかと言われるのが関の山なのに、である。

先日、中西輝政さんと対談してうれしかったのは、中西さんは大阪の人だから、言うことが瀬戸内海文化圏的である。

「先生は京都大学の教授でしょう。そんなに浪花、浪花と言っていいんですか」と言ったら、間髪入れず「京都は関東です」と言われた。そしてしみじみと実感をこめて、「大阪育ちの自分が、京都へ行ってみると、ここはもう大阪でないなぁと思う」と続けた。そこまで徹底している。

「京都は関東です」か、なるほど。京都は王城の地といって、全国支配の考えがある。それから京都文化は日本海を北上して東北とつながっている。美人もご馳走も日本海から来ている。

といったように、日本国も文化や歴史を見ればなにかと分裂しているのだから、お金の話も、現実を見れば東阪と西阪と二つつくらなければならない。

西の人は貨幣経済の歴史と実績があるから、身のまわりの事実から発想してマネー論や商売論をつくることができる。しかし、東の人は身のまわりにそういう事例が少ないから輸入品の外来理論を金科玉条に思ってしまう。帰納《きのう》より演繹《えんえき》のほうが楽である。関東は金本位制だったという歴史的な相違もある。そもそも銀は中国との貿易に有用で、金は主として武将への恩賞につかわれた、という相違もある。

明治維新で賊軍になった東の人は欧米直結の道を歩んだ、ともいえる。薩長が力をつけたのはイギリスと戦争したり、四カ国連合艦隊と戦争したりして、いち早く欧化にめざめ文明開化したからだから、それを追い越すためには旧旗本も薩長の下につくのではなく欧米と直結しなくては、というわけだ。産地直結運動である。

で、留学生になって欧米に行き、欧化すると自分は薩長より上だという意識になる。だから新渡戸稲造はクリスチャンになったり、向こうの現地人と結婚したりした。

野口英世についても、昔「文藝春秋」に書いてあったが、ちょうど同じ時期に東北出身のお医者さんで、ツツガムシ病の研究と治療法に一生を捧げた人がいた。なぜこっちを褒めないのか。日本人ならツツガムシ病を治してくれた人のほうがよほどありがたいのに、野口英世ばかりを褒めるとは、文部省は常識がないと書いてあった。そのとおりである。

ヨーロッパをぐるっと回ったとき、なぜこんなに熱帯病、熱帯植物、熱帯動物の研究所や博物館がたくさんあるのかと思った。考えてみれば、ヨーロッパはアジアや南米やシベリアを侵略して、何かをかっぱらってきて豊かになったのだから、それをもっと盛んにするための研究をしている。アメリカも同じである。

そもそも寒冷地のロンドンやベルギーに熱帯植物研究所とか熱帯病研究所があるのはおかしい。その淵源は、たとえばタンザニアを植民地にしてコーヒーか何かを栽培すれば儲かるのではないかと、大挙して白人が行ったら、風土病で半分以上死んだことにある。そこでまず風土病の治療法を研究しようとするが、研究もまた危険な仕事である。

それを日本人がやってくれるのなら大変ありがたい。ともあれ熱帯病の研究所はもともとは白人による資源略奪のためのものだが、野口英世はそれを学問の最先端だと思って、身を投じた。

フォード財団の庭を探すと小さい銅像が一つあるらしい。それを日本は国家的な名誉としている。医学は西洋伝来だからそうなるのも無理はないが、最近はアメリカでも西洋医学と東洋医学の統合が新しい研究分野になっている。

社会から疎外されるとお金にしか頼らなくなる

「世の中で金と女は仇なり　早く仇にめぐりあいたい」とか、「それにつけても金のほしさよ」とか、金のことをしゃれのめす感覚は日本特有で、しかも金持ちが言うのではなく、貧乏な人がそう考えている。そこで、日本人のお金に対する感覚は、貨幣とか交換価値とかを越えたところにあることがわかる。

または交換価値という貨幣万能の時代が来ても、使用価値や人間の交際がそれ以上に大事であることを忘れないことが現われている。江戸のような世界最高の人口百万人の大都市にも、そう考えて資本主義経済を皮肉に見る余裕が人々にあったのである。

そこで言いたいのは、ある社会の中で疎外した人をつくると、彼らはお金しか頼るものがない状態になるということだ。キリスト教徒がユダヤ人を疎外した。だからユダヤ人は金、金、金になったわけで、ユダヤ人が悪いとばかりはいえない。

日本でも、疎外された人はやたら勉強するか、やたらお金を欲しがるか、結婚するときはやたら美人を求めるとかになる。だからそもそも疎外された人をつくらないのが一番で、その方法はいろいろあるが、一番簡単な方法は大都市や大国家をつくらないことである。人間集団は小規模のほうがよい。これは規模の問題。

それからもう一つは、カソリックのような〝神は愛なり〟とか、〝わたしたちはきょうだいである〟とかの、精神革命をすることである。

中世の教会は子供を集めて教えたが、その後は国家が義務教育として教えた。倫理道徳の統一と徹底である。

それから経済状態も大事である。そこに格差があると精神的共同体が崩れる。

マルクスが言っているように、下部構造というか、基礎構造というか、経済が平等でないと、上でいくら平等を説いてもその教えは長持ちしない。これに関するかぎり、マルクスは正しいと思う。

格差は受け入れ方しだいで自由を増やせる

その点、日本は精神でも身分でも経済でも平等な社会をつくることでは、世界で一番成功している。もっともいまはだいぶ壊れてきて、だから格差社会といっているが、五年か十年前に比べれば、たしかに格差社会だけれども、国際比較では日本が世界一平等な社会であることはまちがいない。

だから格差社会を問題にするなら、それは五年か十年前にもどせばいいのか、それともそれ以上に、もっと平等にしなくてはいけないと考えているのかどうか、そこまで考えてほしいものである。

格差ができたということは、格差さえ甘受すれば自由が増えるということでもある。

事実、いま日本では、格差がない平等社会をつくるために、いろいろな制度をつくったので大きく自由が制限されている。

「わたしは学校へ行きたくありません」とか、「野垂れ死にしても放っといてください」と言えない。

「わたしは失業しないようマジメに働くから失業保険料は払いません」というのも強制徴収制度だから実行できない。

「わたしは病気になっても病院には絶対行きませんから健康保険は払いません」とか「年金はいりません」というのを実行すると、国家負担分や企業負担分をもらい損ねる。国家負担分というのは実は国民であり社員である自分が負担している分なのにである。

そんなバカなことあるか、とわたしはずっと思っている。強制徴収の社会保険制度なんて福祉ではない。外国を侵略して、そこから税金をとってきて国民に配ってくれるのならいいが、わたしからとってわたしにくれるなんて、そんなものは親切ではない。国家の過干渉で、制度を運営する公務員の給料分だけ損をする。

自分でやる、人の世話になりたくないから放っといてくれという自由のほうが大事で、それが保障されることも平等の内だと思う。

あまり差があるのはよくないが、まったくないのもよくない。ときどき締めたり、ゆるめたりすれば、両方のありがたさがわかってよいと思う。それから差にはいろいろな種類があって、経済はその内の一つでしかない。

昔、ギリシャには美人税があった。美醜の差を課税で公平化しようというアイディアだが、多くの女性は自発的に納税を申し出たとは面白い話である。

それなら累進所得税も改名して「一流男性税」とか「一流能力税」とかにすれば面白い。小集団で暮らせばこんなアイディアが簡単に実行できる。そして全国共通の社会制度は基本にだけあればいい。基本以上のことについては選べるのがいいということだ。

吉原は規制緩和と減税で繁栄した特区

東京都知事が鈴木さんだったとき、二兆円も金が余っていて、これをどう使えばいいかを考えるため、東京都ルネッサンス計画委員会とかをつくって、わたしは委員になった。集まった人達は、その金を使ってああしましょう、こうしましょうというが、みんな自分の縁故の業界や地域に事業を引っ張っている。

私が発言したことは、「答えは減税に決まっている。こんな委員会は開く必要がない。減税したら都民それぞれが自分にとって一番いいことに使う。それに対応して民間事業の花が開く。町は賑やかになるし、やがては税金も入ってくる。しかるに鈴木都知事がつくろうとしているものは箱ものばかりではないか」

「もしもつくってみて利用者がなかったときの責任は誰がとるのか。まずは減税して都民が豊かになれば、そのサイフをあてにして民間は新事業を起こすだろう。野球場でも音楽ホールでも私鉄でも、昔はそのようにしてつくられてきた。隅田川にかかる橋でもそうだ」

と発言したが、その場では賛成者はなかった。

東京都ルネッサンス計画という文書が、これでいかがでしょうかと配られたが、わたしは、「この膨大な計画書は、わたしには『金をくれ、票をくれ』という二行しか読めません」と言った。

「票をくれ」というところは、〇〇区には何とか処理場をつくりますとか、〇〇には橋をかけます、どこには何とかと、ものすごく具体的で、東京都の事業そのものが書いてある。それを公平、平等に東京都を七つか八つの地域に分けて、それぞれに二千億円ずつ金が落ちるようにできている。これは「票をくれ」だ。

「金をくれ」というのは、法人税をとりたいから、会社よ、来てくれということなのだが、この部分は具体性がまったくない。これを長期ビジョンとかルネッサンス・プランと名づけてわれわれ外から来た委員に「ほかに名案はありませんか」と聞いている。

「では答えます。それは減税です。減税したら会社は世界中から来ます。それから役人を減らせば来ます。規制緩和と減税です」と言った。

「公共事業は減税と産業発展によって豊かになった都民が求める新しいことをすればよい。民間事業にはできない分野です」

と言うと、説教はいいから具体的に言ってくれというので、「ハイ、言います。昔、吉原というのがあったでしょう。あそこは規制緩和と減税で繁栄したんです。特区なんです。幸いこの東京は、東京湾内にこれからものすごく土地が増えるが、これを品川区の所管にしようか、港区の所管にしようかという争いをしているが、どっちにも決めないで東京都知事直轄の埋立地にするとよい。すると自然にここは規制緩和と無税地になる。そうしたら、世界中の会社が集まってくるからたくさんの税金が入る。金をくれというのは、これだけでできるのだから簡単だ」と言った。

ちなみに吉原は町奉行ではなく寺社奉行が所管していたので、一般行政の規制が及ばなかったから、文化が栄えた。規制緩和は逐条審議せずに特区をつくるのがよい。行政の番外地である。行政の管轄地と番外地とどちらがよいかは両方をつくって競争をさせてみればわかる、と言ったが、もちろん不採用である。お金を使うのが下手なのは学者と官僚と昔からきまっているのだから、両者の集まりにあまり大金をもたせてはいけない。

金は天下の回りものだから規制緩和すればいい

逆にわたしが二十年委員を続けた審議会もある。それは何がなにやらわからないのでしゃべらなかったからだ。無言の行をしていると、いい人だと言われた。

しかし、東京都ではこんなことも発言した。かねて思っていることだが、暴走族は反社会的とされるが、日頃は下積みの仕事をしている少年たちである。たまには気晴らしが必要で、いちばんよい気晴らしは公的承認と賞賛を受けることである。

したがって、土曜の夜くらいは公道を開放して暴走させ、市民は沿道に出て見物してあげねばならない――と、これらは他の県でも発言したことがある。

そのとき県知事は同感したが公安委員会では相手にされなかった。高学歴で社会的地位をすでに得た人が考えると、どうしてもそうなる。「非行少年は取り締まれ」である。

そこでこう発言した。

青少年健全化対策として、埋め立て中の夢の島を暴走族の自由地域にしよう。ゴミの山でまだ平らになってないから、あれをオートバイで乗り越え、踏み越え、こっちの端からこっちの端まで三十分で出てきたら英雄である。思う存分オートバイに乗ってください。ただし途中でぶつかって死んでも、誰も助けない。となればなおさら英雄になれる。

わたしは、自分が子供のときやりたかったことを言っているだけだが、これは実はお金はいらない話である。お金から自由になりたいと思っての発想だが、予算予算で暮らしている行政の人には不評だった。

鈴木都知事が、一兆二千億か三千億円をどう使いましょうかと聞いてくるから、先に金額を言うのはおかしい。都民を楽にする前に目的を言いなさい、それをなるべく安上がりであげる方法を考えてあげますよ。そのための東京都庁でしょうと言ったが、役人にはそういう発想がない。政治家にもない。

石原さんが都知事になったときも、都立高校を全廃しろと言った。都立高校全入制度というのをはじめたのは美濃部さんだが、都立高校はもともとそんなに全部が行くところではなかった。高校進学率四割ぐらいからはじまってだんだん十割になったが、行き過ぎの弊害がある。都立高校は半分でいい。減らしすぎたら、穴埋めに私立高校が誕生する。適正量なんて計算せず、そこはマーケットにまかせろと言った。

だいたい、高等学校の教科書をみんな読んでますかと聞きたい。「昔は読んだけど、今は読んだことないでしょう。今度持ってきて委員の皆さんに配ってあげましょうか。多分半分ぐらいしか点取れませんよ」とも言った。程度が高くて、ものすごくむずかしい。

高等学校の社会科の教科書の委員をしたことがあるが、あれも必要だ、これも重要だと中味を増やす意見ばかり出る。子供の身になって考えてください、それから教える先生の身になって考えてください。充実しすぎて先生は教えられないから、教えていない。教科書はあるが、授業は途中で終わりで、あとは自習せよ、になっている。教科書ばっかり立派につくっているのは自己満足である。

そんなことを言ったときは、変な意見だと思われたが、結局、いま都立高校は合併で二十校減らす動きになった。

金がないというが、それは先入観念と前提条件が多いからだ。金は天下の回りものだから、ほんとに規制緩和したら、この世に問題はないと思う。問題があるとすればただ一つ、役人が失業するという問題だけだ。

お役所の人は、不良な民間業者が出てきて、善良な市民が迷惑するというから、「そうなってから考えましょう。あなたがあらかじめ悩むことはない」と言うと、委員は再任されず、になる。しかし都庁の中にも同感してくれる人がいて、その人達との交流は残った。

〝お金も大事、お金でないものも大事〟の教育を

根本理念が違う例をあげると、西日本文部省と東日本文部省と文部省を二つつくれと言ったこともある。どちらがいいかは国民が決める。足による投票である。日本国憲法は居住地選択の自由を保障しているから、孟母三遷《もうぼさんせん》でいけばいい。

ゆとり教育を進めた人は、鹿児島ラサール高校を出て文部省に入った人だが、鹿児島ラサールは猛烈なスパルタ教育で知られた学校だ。そこを出てゆとり教育が大事だというのは、よくわかる。

わたしは、スパルタ教育とゆとり教育は、一年おきとか、かわりばんこにやればいいと思っている。これがいちばんいい教育だなどと、そういうことを言ってはいけない。お金についてもお金も大事、お金でないものも大事、両方経験させればいい。

最近、瀬戸内海の無人島に一週間子供を放り出すという育て方があるが、あれはいいことだと思う。その反対に制服を着せ一列に並ばせて歩かせる時間もあるとよい。両方を経験させた上で、自分がいいと思うことをやれというのがいいと思う。五年生、六年生にな

ると子供はまわりを見たり何かを体験したりして自分で考えるようになるものだ。

ベンジャミン・フランクリン（1706〜1790、アメリカ独立宣言の起草者で、外交官で政治家）の自伝に書いてあるが、彼の父親はボストンの町の中の職人や商人や事務員が働いている現場をたくさん連れ歩いて子供に見せたらしい。そして彼は十二歳のとき、印刷工場の住み込みの徒弟になることをえらんだ。

成人後の大活躍をみると、この教育は大成功だったといえる。彼が書いたり言ったりすることの基礎には、豊かな常識があったのである。

先生は子供を管理したがるが、手放しの時間を設けるのも管理の一つである。それがわからない人がゆとり教育をすると、教育を管理するだけではなくて、ゆとりという大事な人間の生き方までを管理するようになる。

高校は進学校だけにしたほうがいいと思う。とすれば今の半分でよい。人間教育は家庭でやってください。職業教育はそれぞれの専門学校がする。住み込み奉公に出れば、年長者がしごいてくれる。短期間なら悪いことではない。

日本の囲碁はなぜか韓国・中国・台湾にも負けるようになったので、その対策として優秀な少年を住み込みの内弟子にとる動きが出てきた。住み込みであれば三六〇度の教育ができるからである。

どんな教育がよいかはこのようにいろいろあるのだから、無理に一本化せず、西日本文科省と東日本文科省の二つにしてはどうかと言っているのである。各県の教育委員会が奮起して、独自色を出してくれれば、それでもよい。

共同体があってはじめて相互扶助や信用が発生する

戦前、私立の中学には教育者の理念があって、たいていは人間教育を掲げていた。他方、一中、二中、三中という県立中学の生徒は、一生懸命勉強して大学へ行く。それはそれでいい。私立がたくさんあれば公立は受験第一でもいい。明治時代は一県一中学校で、ほかには寺小屋的私塾があった。

わたしは、高松中学には行かなかったが、普通ならそこへ行くところだった。小学校の友だちはそこから岡山にあった旧制の六高へ何人か行っている。岡山県知事を囲む懇談会の委員をしていて、ちょっとそんな話をしたら、「香川県か」と見下されたので驚いた。広島県庁でもそんな話になって、「岡山の人は、広島県庁では出世しませんか」と言ったら、「しませんね」と言う。「中央官庁に入って、中央官庁から県庁へ出向が来るでしょう。そのとき岡山育ちだと言ったらどうですか」と言ったら、しばらく考えて、「岡山大卒では誰も言うことを聞きません。京都大学か東京大学を出ていればよろしい」と言った。洗礼を受けてこい、岡山のアカを落としてこいということかと、笑ってしまった。

わたしがいた長銀で、岡山の中国銀行の頭取か副頭取の息子を採った。そして、それを高松支店配属にした。人事部はたいして深い考えはなく、故郷に近いからよかろうということだったと思う。

しかし、岡山にフラッと行ったとき、うちのトップを侮辱したといって、わたしは怒られた。「何の話ですか」と聞くと、「大事な息子を長銀に入れて東京に行かしたのに、高松にもどすとは何事であるか」というので、「神戸支店ならいいんですか」と言ったら、「それならまだよし」という。「帰ったら人事部長によく言っときます」と言ってその場はなんとかおさめたけれども、地方の人のプライドがそんなところにあるのかとびっくり仰天した。

その頃、四国に橋がかかりＪＲが通って、大阪の新聞社は四国で印刷したほうが安いというので印刷所を香川県の坂出につくった。その新聞を岡山へ持っていって販売しようとしたら、岡山の新聞販売店が全部怒ったという話があった。

われわれは大阪、東京で印刷したものを県内にお配りするのが自慢である。四国のものなんか配達できるか、と言う。新聞はどこで印刷したって盛り込まれている情報が価値なのにと思ったが、やはり紙が大阪からこないと仕事に張り合いがないらしかった。恐ろしいほどの中央崇拝である。

わたしは小学校のとき高松に五年間いて、それから後はずっと東京だけれど、あるときテレビに出てしゃべったら、高松の友だちのお母さんから電話かかってきて、「テレビで高松弁をしゃべってくれて、どうもありがとう」とお礼を言われた。あれぇ、そんな……である。

わたしの父親の戸籍には鳥取池田藩士族と書いてあった。鳥取池田藩は岡山池田藩と親戚だそうだが、そんなことは農民や県民には何の関係もないのに、みんな今でもわがことのように言っている。

町の真ん中にお城がどっかとあると、そういう話が死なずに延々と生きて続く。

わたしの家内の父親は、十津川村出身だが、元をただせば十津川郷士で士族だったという。十津川郷士は南朝の遺臣で、奈良県吉野の十津川郷にいけば、お公家さまとか官女とか、そういう亡命貴族の末裔が残っているとおっしゃる。

こういう話は、共同体が成立して、それが続いていなければできない。共同体は宗教がいっしょでもいいし、場所がいっしょでもいいし、職業がいっしょでもいい。あるいは千年続いた文化の伝統がいっしょでもいい。そういったことがいっしょでないと、相互扶助や取引上の信用は発生しない。

それはよいが、それから外れた人間を下に見て仲間にいれないのはよくない。除け者にされた身になってみろというわけだ。

共同体から外された人やはまりきらない人は、だいたい、大都会へ出て行く。大都会へ行けば、そういう者同士で仲良くなる。あるいは金融の世界や学問の世界へ行く。国家公務員になって民間人とは絶縁する。船に乗って外国へ行く。新しい町では、キャッシュ・オン・デリバリーからはじめてだんだん信用を築き、そこでの相互扶助を実現して経済を発展させる。

しかし、もとの共同体のほうは、かれらがもどってきたとき、どう扱うか。故郷に錦を飾って大盤振る舞いをすれば喜ぶが、「もともとは食い詰め者」などと陰で言う。

あの村上さんには、インド人の血が入っているし中国人も入っているなどの話が再燃する。知らない人は知らないことだが、本人は気にしているとしたら、かわいそうである。

お金にまつわる心や文化の問題が重要になってくる

中国の人を会社で雇っていちばん苦労したのは何ですかと聞いたら、絶対公平・平等にしていても、文句を言ってくる。「わたしが中国人だからでしょう」と言われるとイヤになる。これまでの誠心誠意が通じていないことがわかって、もう二度と採用したくなくなるという。

したがってこれからは「外国人扱い」とか「中国人扱い」という制度をつくって採用するという。それは古今東西の人が二千年にもわたって経験してきた国際化の第一歩で、誠心誠意の日本式は外国人には高級すぎたか、日本的独りよがりだったのである。

日本のお金には日本の色がついている。日本人の心や暗黙の約束がまわりについている。その中には「中国人だから見下しているのでしょう」などと、ひがんだことは言わない人ならいっしょに働こうというのがある。言わない人なら一時間千円で、言う人はゼロ円になる。中間をとると八百円くらいで、会話なしの単純肉体作業になる。アメリカへ行くとそうなっているが、そういう雇用形態が日本にも入ってきた。

ただし、日本人はそういう特別処遇についてまだ慣れていない。

国際交流に経験が深い民族は、差別があるのは当たり前で、「中国人だからでしょう」と言われたら、「そうだよ」と平気で答える。公平・平等なんて、そんなものがこの世にあると思うかと。最初からそう言ってしまう国がある。

言われる方も、アメリカでは移民だからそれで納得するのが普通らしい。しかし、日本人とユダヤ人は納得せず、子供を大学に入れて医者か弁護士にした。または芸術家か金融業者にした。

家族的待遇とか公平・平等とかを理想にしてその実現をめざすのは苦労が多いのである。だが、アメリカでも、建国以来二百年経つと共同体精神が発生して公平、平等、無差別が理想になってきた。ただし、能力による差別だけは許されているから、なんでもかんでも能力差が原因だということにする。それをよくよく説明したり警告を発したりしている。おまえはこのままじゃこうだよと、手間暇をかける会社もある。

ところが日本の家族的待遇というのは、自分でもわかっているだろうとばかりに手間暇かけずに、ある日バッサリやってしまうから、中国人には不親切かもしれない。

お金の世界と心の世界の調和について、国際化を進めると日本はいろいろな困難にぶつかることになる。相手の心が読めないとお金の動きも読めない世界がある。

日本経済の海外進出はまず心ぬきの商品やサービスで成功し、今はそれ以上に進みつつある。生産財より消費財、中級品から高級品、量産品から特殊品、実用品から文化芸術品へと主戦場が移ると、現地工場での人の採用も単純作業員から企画マン、開発マン、管理職、経営者へと変化する。

お金にまつわる心や精神や文化の問題がますます重要になってくるが、この問題について日本人はすでに単純な市場原理を越える、深く広い経験と心情をもっている。

それをわかりはじめた外国人もいるが、わかりが遅い人もいて「中国人だからでしょう」と言って日本人を呆然とさせる。

お金なら人種、民族、宗教を越えて公平、平等、無差別に動くだろうと思っている人が多いが、なかなか相手によってはそうでもない現実がたくさんある。

一例だが、シンガポールへ倒産したホテルを買いに行ったことがある。裁判所から任命された管財人が、もうちょっと値段を奮発してくれと言う。

高く売りたくて言ってるのかと思ったが、何度か話を重ねると、そうではなくて日本人に売りたいのだという。親日家なのか……と考えては自己中心的速断の誤りになる。

だんだん話を聞いてみると、他にもう少し高値の入手希望者がいるが、それは〇〇国人で、〇〇国人はなかなか契約どおりには支払いをしないから、二回戦、三回戦が予想されるが、日本人はすぐ支払うからだという。

「われわれは直ちに支払うつもりだから値切っている」と答えると、「それはよくわかっている。その点はわたしも債権者によく説明するが、その場合、価格差があまり大きいと困る。だからもうちょっと払ってくれたら御社に落とす」と言った。

支払いが日頃からサッパリしていると数億円安く買えるというのは面白い経験だった。しかし、わたしは購入価格を変える気はなかったので、その話は破談にした。

第3章

お金とは
モノの価値尺度である

人材評価がなぜバランスシートにないのか

お金とはモノの価値尺度である。

商品の価値をお金で表す。それはモノを売り買いすればはっきりしている。それが「価格」だが、売買しないで、このモノの価値はいくらであるというのを「評価」という。

最近、金融庁その他が第三者評価をしろとうるさい。

その結果、評価とか監査とか鑑定とかに関するコストと手間が、会社でも役所でもやたらに増えている。これには珍しい英語がついていて、それが流行っているが、こんな怪しげでくだらない流行は、早晩終わるだろう。

たとえば会社のバランスシートを見ると、この頃の新しいバランスシートは鑑定した価格ばかりで、本当の金額が表示されているのは、一つか二つしかない。

あとはみんな見積もりが書いてあるだけだ。そんな変なものをつくるのに手間暇をかけている。

ほんとに見積もりで書くんだったら、会社の経営資産の中になんで人材がないのか。

技術者のA氏は一億円の価値があるとか、B氏はマイナス一億円とかの人材評価はなぜバランスシートにないのか。

そう思っている人が多いので、アメリカの大リーグが日本人野球選手に三十億円とか六十億円とかの値をつけることに関心が集まる。大リーグのバランスシートの資産項目には選手一人一人について、取得価格はいくらで、いま、放出すれば時価はいくらと書いてあるはずである。

日本でも人材の市場価格は実際にはあって、いよいよ会社が危なくなると、それは表面に出てくる。

だから、経営資産を評価してバランスシートにのせろというのなら、人材の部というのもあるべきである。

たとえばこの男は二十年間、これだけ月給をとった。これだけ研修を受けた。今後の働き、期待はこれだけある、という見込み利益などが人材スカウト会社の人事カードに記載される。

そういうものがなくて、土地とか建物とか株券とか特許権とかをいろいろに評価してもこれからはまったくムダになる。朝青龍のいない相撲協会を想像してみればわかる。

石田三成についてこんな歌がある。

〝治部少に過ぎたるものが二つあり　島の左近と佐和山の城〟

石田三成は島左近を抱えるにあたって、自分の収入の半分をあたえたので、こんな歌ができた。

「なんでも鑑定団」の経済学

「開運！なんでも鑑定団」というテレビ番組がある。

この「なんでも」というところが面白い。お金に関係があるような、ないようなものを、みんなお金にしている。

これが成り立つには、まず第一は真贋の鑑定をしなければならない。本当に池大雅《いけのたいが》かどうかという鑑定をして、次に池大雅の絵として評価をする。

その評価は、まず「世間相場でこれはこんなものです」と言う。「ブリキのおもちゃでも、この頃値上がりしているんですよ」とか、あるいは「この頃人気がないから、希少性はあるけれども換金性が少ないんですよ」と言う。

これは市場価格とか処分価格といわれるものだが、経済学ではそれ以外に主観価値、使用価値というのがある。世間に通る値段は客観価値で、本人が効用に満足してるのは主観価値という。これがミックスしているところが面白い。

鑑定士の中島誠之助さんもこの両方を話している。「世間相場は低いが、でもこれはなかなかいいものです。いい仕事してますねぇ。大事に持ってなさい」とか、「いいけれども、今は人気がありません」と言っている。

それにもう一つ、古美術商には市場操作があって、その操作の中で価格が決まっている。そのことをテレビではいわないけれども、業界の利益として市場操作があるのは当然のことだ。

あの世界では、お金持ちを見つけると美術品を持ち込み、「これは二百万円、これは百万円。お金を払うのはいつでもいいです」といって置いてきたりする。あるいは金持ちが処分したくなったときは、一流の古美術商は必ず持っていった値段で買い取る。

それは元値保証だからお客が気安く買うだろうという業界事情がある。

ニセモノを渡したときも、自分がいつでも元値で買い取ると言っておくと、相手は安心する。悪口を言われないですむ。コレクターから所蔵品を見せられたとき、これはニセモノだ、二束三文だなんて、悪口はめったに言わない。

他の所蔵品をみせてくれなくなるからで、自分の視界が狭くなる。また、鑑定力の向上ができなくなるのが痛い。

聞いた話だが、一流の業者が五人か十人ぐらい集まって、仲間内で取引をするときは、たとえば誰かが「横山大観の絵です」と言って見せる。みんなが見て、本物だと認めると、一人ひとりが「わたしは三百万円で欲しい」とか値段を紙に書いて、茶碗で伏せるという。すると仕切りのボスが、茶碗をあけてみんなの入札価格を見て、二枚はとってポケットに入れてしまう。

そのボスが、横山大観のこの絵はいま二千万円ぐらいであるべきだと思っていると、それからかけ離れたのはもみ消してしまうのだが、それをみんなが了承している。

その理由はと聞いたら、横山大観の絵があまり値下がりしてはいけない。これは二千万にしておかないと、方々へはめ込んだ画が全部値下がりしてみんなが迷惑する。だから値下がりさせないというのもある。それから値上がりさせないというのもある。

各業者の在庫状況をよく知っているからお客か業者の誰かにあまり儲けさせないという配慮もある。

あるいは、作者がもうじき死ぬからというのもある。生きている間は値下げしたら怒ってくるから、それまで待とうというのである。

ボスはさすがにみんなから信用を集めているだけに、業界全体の損得を考えて、価格を操作する。みんなも了承している。これが仲間価格で、市場原理そのままがよいとは誰も思っていないのである。

そこで配慮されている要因は、全体としての美術品の値上がりと業者の共存共栄と、それから作者と客の利益だから大したものである。それに加えて新進の絵かきを世に出そうというのもあるから、その点は文化庁の仕事もしている。

談合は悪い悪いというが、日本人がする談合にはこういう芸術的に完成されたものもある。

また鑑定業者、個人個人の都合もある。たとえば日本刀の場合、「うちに素晴らしい日本刀があるから、一度見てくれんか」といわれると、鑑定料を取って見ることもあるし、取らずに見ることもある。

鑑定を依頼してくる人は、「先祖が殿様からもらった正宗である」と言う。「殿様からもらった」と言うのはだいたいニセモノというのが、この世界の常識である。

殿様によっては、ニセモノ製造工場を持っていて、そこでつくった刀を、名刀だともったいをつけて家臣に与えていた。しかしもらう本人は、半ば勲章だから、ニセモノでもいいのかもしれない。市場価値があればなおうれしいというのは子孫の世界である。

そういう刀を鑑定したときのセリフには定番があって、「たいへん結構な刀でございます。よくお手入れなさって、保存なさいますように」と言う。これはニセモノという意味である。

なぜ本当のことを言わないかと聞くと、本当のことを言うと、誰も頼みにこなくなってしまうという。

われわれ鑑定業者はいいものを見たいんだ。そうすると目が肥える。誰も鑑定を見せてくれなくなったら、目が下がっちゃう。だからどこへでも行って、何でも拝見したい。そしてどこに何があるかを覚えて帰る。それは市場データで、誰かに名刀を探してくれとたのまれたときに役立つ。そのために失礼がないようにそう言って帰ってくるのだという。

つまり、自分個人の鑑定力を磨くチャンスでもあるのだから、本当なら業者が拝観料を払ってもいいぐらいである。よく手入れして保存しておくように、というのはデータ保存と在庫管理のことかもしれない。

そういう都合があって、お客に嫌われないようにしているとは「なるほど」である。

それに、これは国宝に指定するといわれると、持っているほうは迷惑だということもある。うれしい人もいるだろうが、だいたいは迷惑だ。

まず売買が規制される。保存しなきゃいけない。しかも大して保管料をくれないというわけで、だいたいはその前に地下にもぐってしまう。よいものほど深く地下にもぐってしまって、文科省には見せない。世間の評判も立ってほしくない。

特に相続税がからんでくると、相続税逃れのために骨董美術品を買いまくる人がいる。評価が分かれるから、税務署が安いほうを取ってくれるかもしれないというわけで、そういう事情もあっての価格でもある。

美術品の所在と動きを知っておくことが財産になる

軽井沢に銀座の古美術商が何人もいる。東京のホテルで碁を打っている人もいる。彼らは、当たったら一発で儲けてしまうから、だいたいはヒマで、それに偉い人の家へ遊びに行って、碁のお相手をするのも仕事のうちだという。そういう人たちは、わたしにはどうせ買ってくれるお客じゃないと思って、気楽にしゃべってくれる。

そういう人の一人に、こんな話を聞いたことがある。

彼が子供のとき戦争が終わって大金持ちには財産税がかかり、他方、石炭成金やアメリカ軍特需成金には現金がたくさんあって、日本じゅうの重要美術品が根こそぎ動き回った。その中には奈良の正倉院から何百年か昔に泥棒した品物などがあって、それが地下から出てきて動き回ったそうだ。

正倉院の御物《ぎょぶつ》は、所蔵品の目録とつきあわせると、今、現物は三分の一しかない。三分の二は誰かが泥棒してしまった。

しかし、これは大したことで、ガードマンも何もいなくて、これは天皇の財産ですと書いてあるだけなのに、三分の一も残っているのだから、考えようによっては、日本は大した国である。

で、行方不明の三分の二は焼けたのもあるが、方々を回りまわっていて、それを見せてもらうのが、業者にとっては大事なことだそうだ。あれはあそこにあるぞ、それはこちらにあるぞと、知っていることが業者の最大の財産になる。

どこかで成金が出たり、どこかで破産する人がいたりというときに、流通取次業としてはこれがひらめくわけだ。だから誰にも嫌われないようにしているという。

三井物産をつくった益田孝という人がいた。お茶の道具のコレクションでは日本一といわれた人だが、この人は明治、大正、昭和をとおして、時価に換算すれば毎月、何億円という月給を取り続けて、それでお茶道具を買って買って、買いまくった。

だから正倉院御物とか何とか大名の何々とかが、益田家の倉庫の中には山のようにたまっていて、それを戦後、遺族が財産税その他で売り払っていくのを、その古美術商の父親がほとんど一手に引き受けていた。

彼は父親について、トラックで受け取りにいったが、たいていは二、三回行けば空っぽになるものなのに、行っても行ってもまだある、あんなすごいコレクションは見たことがない、と言っていた。

その、益田家から出てきたものはどこへ行ったんですかと聞いたら、「主として石炭屋と海運業者のところへ行きました。それを文部省にも税務署にも見つからんように動かしたんです」と言う。

あるとき、父親に「今からこれを某氏のところへ納めてくる。もう二度とおまえは見られないから、今見ておけ」と見せられたのが、正倉院御物で、天女が羽衣をひらひらなびかせて空を飛んでいる絵だった。

あんな美しい絵はその後も見たことがない。本当にふくよかな美人が空を飛んでいる、さながら夢心地がしたと言っていた。

そういう世界はヨーロッパにもあると思う。ロシアの亡命貴族が革命のとき持ち出した美術品が、アメリカの「なんでも鑑定団」にときどき出てくるし、彼らが満州を経て神戸へ来たからだと思うが、神戸でもときどき出てくることがある。

格付け屋が実物を見ないで決める中古車価格

話変わって現代のことだが、評価は販売できる。

中古自動車の仲介業で成功したオートテックという会社が一例である。一介のサラリーマンからはじめて、大手になった社長に、「おたくの会社の儲けはいったい何なんですか」と聞くと、社長は「当社がする格付けに対する信用です」と答えた。

中古自動車価格は、車名と年式が基本で、それから走行距離とか車検があるとか、タイヤは新品とか、よくわかるものがあり、最後には「程度」がある。わが社がそれを審査して、九十点、八十点、七十点と点数をつけるが、一般がそれを信用してくれるので実物を見ないで買った売ったが成立する。「昔は河原へ中古車を持ち寄って取引したが、売れ残りをもち帰るコストがかかりました」と言う。

自動車はスペック化がいちばんよくできていて、たとえば何年型クラウンといえば決まり切っているが、「その質（クオリティ）を判定したのが、信用されているんです」と言う。

そういう商売があって、格付け屋がつけた格による値段というのがある。

ところで、その格付けは一般大衆向けの格付けだ。しかし、個人にはそれぞれの事情があるから人によっては違う値付けがある。

四十年前、わたしが買ったときのことだが、わたしの事情は、外見は気にしない。外側にキズがあっても平気だ。もう結婚してるから彼女に見せることはない。それから転売する気はない。今買う中古車は三年ぐらい乗ったら捨てて、次は新車を買いたいということでの中古車購入である。それから日曜ドライバーだから既走行距離が多くてもかまわない。家族を乗せて走るから、事故を考えると頑丈であってほしい等々で、燃費は考慮外で選んだ。早くいえば格安のオンボロ中古だった。

そう考えると格付けされた値段と、主観的値付けは違ってくるのでそれが面白かった。ではその格付けの「格」はどうやって決めているのかが問題だが、多分いろいろな客の値付けの総合を会社がカンでやっているのである。それによって、せりの手間を省いているところに値打ちがある。

値段というのは、換金性もあれば本人の使用価値もあり、主観価値もあって、一般的ではない。それをみんなひっくるめて評価が成立すると思っているらしいが、ほんとに成立するのはせりのときに売買した価格だけである。

それなのに、売買しないで値段を決めようというのは、ブローカー経済学、またはユダヤ経済学で、実質経済学、あるいは生活経済学というのは別にあると、わたしはそう思っている。

ところが今や金融庁は、不良債権償却にあたって勝手に査定ばかりしている。

あれは、この値段で不良債権を買い取りましたとか、公的資金を投入しましたとかを新聞記者や国民に言い訳するための手続きでしかない。官僚の責任転嫁のために、ものすごくムダなコストをかけているのである。

時価評価制度は金融行政失敗の責任のがれ

貨幣は価値尺度というが、いったい何の価値を反映しているのかね、とわたしは思っている。

評価は市場価格でというが、あるものが全部売りに出されたらほとんどゼロ円になってしまうのだから、きわめて架空のものでしかない。試算額というのは、シミュレーションならばよいが、マージナル取引をもって全体の評価とするということはおかしい。「不良債権償却、十兆円」とかいうときに使ってはいけない。

長銀の頭取もそれで失敗した。長銀が持っている他社の株を評価すると、市場価格で四兆円ぐらいあったとき、新頭取は四兆円もあるから二兆円ぐらい使ってもいいなんて言いはじめた。そんなことを言うのは危ないぞと思っていたら、ほんとにスッテンテンになってしまった。

倒産したあとを新生銀行が引き継いで計算したら、バブル崩壊後なので一兆五千億円に値下がりしていた。

時価は時々刻々変わる。評価する時価は実は昨日の時価で、今日はまた別なのである。そして明日のことはわからない。

会計検査院で時価評価制度を取り入れるとしたとき、わたしはやめときなさいと言った。アメリカにいくら言われたって、簿価で行くかどうかは各社長がやればいいことで、国家権力が命令したら、その責任は重大ですよ、と言ったが、しかし、だれも聞く耳はもたなかった。

資産評価は買いたいと思った個人や企業がそれぞれにやるべきことであって、売りたくない企業にとっては無用のコストである。

麻生外務大臣はその頃、自民党の政調会長をしていたのでOKした理由をきくと、

「官庁の人が時価評価はグローバル・スタンダードです。簿価でバランス・シートをつくっているのは日本だけですというから賛成したが、その後わかったが、それはアメリカの話で、ヨーロッパは社長の選択だった。だからだんだん選択制にもどすつもりだ」

と話された。

自民党をだましたのはアメリカか、それとも官庁か知らないが、ともかく、大損害をこうむったのは日本経済で、大利益を得たのは日本株を買った人と、評価を商売にする人お

よび、それをめぐって議論をしたり、学生に教えたりする学者達だった。

わたしは自民党の時価評価勉強会で、

「時価評価というのは金融行政失敗の責任追及をかわすための時間稼ぎでしょう。評価は専門家にも国家にもできることではありません。ポケットにお金をもった人が自分ですることです」

と話したことがある。出席者が苦笑していたのは内心は賛成だったからだと思っている。

ニセモノに対して日本人は寛容だった

「なんでも鑑定団」のような番組は、イギリスにもある。保険会社がやっていて、国内各地をまわって、きれいな庭園か何かで、ご近所のおじさん、おばさんが持ってきたものの由来を聞きながら鑑定している。

百年前、おじいさんがインドからもって帰ったとか、中国からとかいうのを鑑定して、「たいへん珍しいものです」「これは値打ちがあるから保険をつけなさい」というので終わり。

「これはマーケットへ出すと、千ポンドはいたしますから」と言われて持ってきた人は「エエッ」と喜んでいる。普通の人が持ってきているのだから、千ポンドは高い。すると「だから、これは保険をつけて大事に持ってなさい」と言って、オチは保険である。

日本の「なんでも鑑定団」はもうちょっと複雑で、保険をかけろとは言わない。また、言っても日本人はかけない。なぜかというと、やっぱり換金意欲は乏しくて、愛して使うとか、思い出を楽しむとか、日本人のほうが主観的だからだ。

だからそもそも、真贋の鑑定に日本人はあまり厳密でない。ニセモノでもいいじゃないの、本物そっくりなら同じじゃないのと、庶民は思っている。

その証拠に、江戸時代のことだが京都にはニセモノづくりの工場みたいなものがあって、村全体でニセモノをつくっていた。またそういうニセモノに対して日本人は寛容だった。

たとえば池大雅という人の日本画は真似しやすくて、一般庶民がわかりやすい絵だから、日本中いたるところに池大雅の画がある。

その池大雅がまだ健在なときに、専門に真似する人がいて、「先生、これはどうですか。見てください」と持ってきて自慢した。大雅が「これならわしと同じだ。おまえの腕はわしと同じである」と言って褒めたら、なんと厚かましくもニセモノ画家は、「サインしてくれ」と言った。

「わたしは今、妻子をかかえて困っています。これにサインがあると高く売れるんです」と頼んだところ、大雅先生は、「おう、よしよし」とサインしてやった。「この絵なら、俺の恥にならん」と。

日本にはニセモノが出るとは俺も一人前になったといって、本人も名誉だと思う伝統がある。

銀座のバーやクラブに菊池寛のニセモノが現われて、「俺は菊池寛だ。勘定は文藝春秋へ取りにこい」と言って飲み歩いたとき、菊池寛は「おう、ニセモノが出るようになったか。俺も大したもんだ」と言ったというエピソードがある。

銀座の女性に聞いたら、ニセモノのほうがいい男だったというので、いい男ならいくらでもはびこってくれ、かまわんよと言ったという話もある。

アメリカ原理主義に「ミュウツーの逆襲」はわからない

日本人はニセモノに対して余裕があるが、そんな余裕はカケラもないのがアメリカで、本物かニセモノかについてやたら厳しい。

わたしは、アメリカは原理主義の国だと思う。アメリカ人には、キリスト教の「最後の審判」からくる原理主義の考えがあって、神様になったつもりで物事を決めたいのである。だから、真贋を判別することにやたら熱心であり、特にユダヤ人はそういうことにうるさい。

ディズニー・プロダクションが、真似だとかコピーだとかについて、やたら裁判を起こすのはそのせいだろう。

それを皮肉ったのが、十年前に大ヒットしたポケモンの「ミュウツーの逆襲」である。ポケモンそっくりのニセモノが現われて、ニセモノ集団と本物集団が皆殺し戦争を展開する「ミュウツーの逆襲」の最後は「ニセモノだっていうけど、本物そっくりだからいいじゃないか」とニセモノが言う。すると本物が「それもそうだ」、いつまでも殺し合ってもしょうがない、われわれは同じものなんだ、殺し合うことはないといって、涙を流して仲直りする。その涙があふれだして大洪水になって、すべてを水に流すというオチだが、このいかにも日本人の精神らしいオチは、実はディズニーを皮肉り、当てこすったものだとわたしは思っている。

「ミュウツーの逆襲」は、アングリカン・チャーチ（イギリス国教会）の中で、子供に見せてもよいかどうかと、議論になった。

子供は大好きで見ている、それを教会として公認すべきかどうかということでつくった委員会の委員長の司教は、レポートに「許して仲直りせよと聖書に書いてある、これは許しの精神だからキリスト教の教義に反してない」と書いた。

ところがアメリカでは、これを公開するとき文句がついた。

「突然泣いて泣いて大泣きして、それで何もかもが帳消しになるというエンドは非科学的である。話の初めのほうに、モンスターの流す涙には罪を洗い清める作用があるということを一言セリフに入れるべきではないか」と、きわめて合理的な意見がでた。

「泣いたら全部水に流しちゃうというのは何のことかわからない、とアメリカ人は言ってるらしいぞ」と息子に言うと、「冗談じゃない。そんなセリフをちらっとでも入れたら、日本の観客は先を読んじゃって、もうわかったたって帰っちゃうよ。漫画に関するリテラシーはすごいんだから、そんなこと言えませんよ。突然エンドになっても経緯や理由はわかりますよ」と笑った。

なるほど、である。日本人の漫画リテラシーはそこまできているから、言わなくてもいい。言わないほうが含みがあっていい。ところがアメリカ人は言ってやらないと、わからない。それは文化の歴史がなく、浅いからだ。だから、ちょっと飛んでいるほうが味わいがあっていいということがわからない。

万葉集からはじまる和歌の伝統だが、『新古今和歌集』あたりになると、本歌取りというのがある。これは何のパロディだということがわかって、その本物とパロディのすき間を楽しむ。あるいは自分は本物を知っているぞという優越感を楽しむ。日本の少年少女の漫画リテラシーはそうなっていて、ニセモノだなんてアメリカは騒いでいるけど、そのズレを面白いと思っているのである。

しかし、万事アメリカナイズされた今の世の中ではダメで、盗作を発見したと言われるのである。

まるでユニークなものは評価も鑑定もできない

そこで今は盗作に厳しい時代になったが、それでも、なくならないのはなぜか。一流大学の教授が盗作をやったりするのはなぜか。

何十年か昔のことだが、その後、大学の学長にもなった学者が、アメリカの論文の丸写しを自著として発表したことがあった。新聞にも出たが、これといったこともなくすんでしまった。

アメリカから帰ってきたA教授が注目の論文を書いたというから読んだが、その頃、長銀に集まった人材はレベルが高くて、なんだ、アメリカの本の丸写しじゃないかと言っていた。やがて世間がそれを問題にした。

しかし、そういうときは弟子が多いと勝ちで、盗作だけでは、問題にならないどころかやがて学長になってしまった。それが日本である。

それから時代の要請ということもある。戦争中、日本の学界は世界と遮断されていたから、昭和二十年代は海外の文献は何でも貴重でヨコのものをタテにするだけでも世のため人のためになった。

オリジナリティを厳密に言うのはディズニーが作った流行だという説もある。

今でもおなじようなことは、ほとんどの大学教授がやっているから、今の学生がインターネットで他人の論文を写すのも、当たり前である。

三流大学へ行くと、学生が「インターネットは便利です。たちまちレポートができます。すぐ教授に追いつきます」と言っている。

日本中、アメリカ、ヨーロッパの真似ばかりしていたから、真似をとがめる習慣がないともいえる。アメリカではオリジナリティを要求される。が、これはアメリカ全体がヨーロッパのコピーをしていた時代をようやく抜け出したばかりだからだろう。

日本は歴史が長いから模倣時代と独創時代が交互に来ることになれている。その経験から生まれた思想を世界に向かって説くとよいと思うが、それをしているのはアニメの人たちであって学者ではない。

価値尺度というが、まったくユニークなものは評価も鑑定もできない。日本中が世界の最先端に出てしまったら、そんなことは成り立たない。

わたしが荻窪に住んでいたとき、手塚治虫の工房がすぐそばにあって、『鉄腕アトム』の原画やセルがいくらでもあった。「こういうのを集めておけば値打ちが出るんだけどな」と言っても、「へえ、こんなもの」と関係者は見向きもしなかった。

あのとき手塚治虫の市場評価はまだ高くなかった。将来価値まで言う人はいなかったし、手塚治虫自身がまた無頓着な人だった。それで天才だということがわかった。盗作征伐に熱心な人は天才ではないと思っている。

第三者評価や、「なんでも鑑定団」が取り上げているものは、みんな古いものである。中進国の話で、先端国の話ではない。

というふうに壊していくと、その世界での「金とは何ぞや」となる。価値尺度であるというのも、ある限界の中だけの話であって、それを学校で習って万能の理論のように思ってはいけない。

ところで、こんな話ばかりをすると、学生は怒りだして、「われわれは今から試験を受けに行くんです。正解だけ教えてください」となる。

どんな試験を受けるのかと聞いたら、公務員試験とか、警官の試験、それも一級ではなく、短大卒の試験を四大卒が受けるというのもある。

わたしは心からお詫びして、それからは一般的な正解だけを教えることにした。

また技術系の大学で教えたときは、「われわれの本務は技術です。だけど一般教養として試験に経済が出るんです。だから早くどこへマルをつけるかだけ教えてください。こっちは忙しいんです」と言う。それはすまん、と思ったが、そんなことなら誰でも教えられるので、翌年は辞職した。

日本は国家が不動産価格を決める異様な国

不動産鑑定士という制度をつくったとき、わたしは関係していた。鑑定とは何ぞやと建設省の人が集まって議論していたとき、わたしは鑑定とか評価とかには限界がある。でも、多少何かの役に立つ。何の役に立つかというと、言い訳と、公務員の責任逃れの役に立つと言った。

建設省は道路とか住宅団地とかで土地を買いまくる。それからそれをまた払い下げる。そういうときの値段について追及されたとき、隠れみのに不動産鑑定士という制度があったほうがいいというわけで、不動産鑑定士の資格条件、能力、そのための試験問題なんかをみんなで考えた。

まず国家が決めている土地価格がすでにある。民間に任せておけばいいのに国家が出ていって、公定価格というか、国定価格をつくっている。それが三種類ある。

第一は国税庁がやっている路線価格。これは税務署自身が決める。第二は地方自治体がやっていた固定資産税標準価格。三番目は建設省がやっていた土地収用に当たっての価格である。これを不動産鑑定士がやる。

今、金融庁が不良資産を買い取り、または処分しているが、その価格をどうやって決めているのか、わたしは新しいことは知らない。

多分、不動産鑑定士を使っているのだろうと思うが、だいたい、国家が出てきて価格を決めるのはスターリンかヒトラーのすることである。

土地購入の目的が自分用で限定されていればいい。だが税金をとって使うのは自分用ではないのだから、しっかりやってもらわないと困る。ところがその辺が結構いい加減になっている。なぜいい加減になるかというと、国民が国家を信用しているからである。おとなしいからである。だから日本ではこういうことが成り立つのである。

路線価格というのは、税務署が主要道路に全部値段を決めて、この道路沿いの土地はこれだけの値段だと、地図をつくって売っている。そしてそれによって相続税をかけている。担当者の胸先三寸で決めているのではないと、国民を安心させている。

固定資産税をとるための地価は地方自治体が決めている。

固定資産税は、その土地の時価に基づいて一・三％の税金を毎年取ると決められている。税率は一・三％から一・八％の範囲内で地方自治体ごとに取りなさいとなっているが、一番下に張り付いているので差はない。しかし評価額は変えられる。市会議員の土地は安く、よそから来たサラリーマンのは高いといったようになっているらしくて、そのためかどうか、決して公表しない。わたしが市役所に行って「自分の土地の評価額を教えてください」と言うと、ハイハイと教えてくれる。だが隣の人のは絶対に教えない。

理由はと聞いても「比較されると困る」とは言わない。プライバシーとか何とか言い逃れる。

この不透明さにメスを入れようとして、土地の台帳を大蔵省が一度取り上げたことがある。国税として何かの土地税を取ろうとしたのである。

大蔵省が取り上げて中をみたら、市会議員の土地だけ安いことがわかった。しかし、固定資産税は安い税金だから国民の関心は低かった。その上、激変緩和措置といって、一年に三〇%を超えて上げてはいけないという法律ができて、土地の値段はぐいぐいと上がって二倍、三倍になっても、評価額は三〇%ずつしかアップしなかったから国民はおとなしかった。

ところが地価下落時代がきて、地価は下落しているのに、固定資産税はちっとも下がらないじゃないかということになった。「これはまだ時価に追いついてないですから、これから追いつくまで上げつづけます」というので、みんなは怒りだした。

無理もない。坪二百万円だった土地が今や坪百万円までに下がっているのに、税金だけは年々三〇％ずつ上がり続けるのである。税率の一・三％は変わらない。評価は素直に時価でやればいいのに、親切に激変緩和措置をしたのが逆目に出ている。

国有地払い下げの価格はどのように決めるのか

それから収用価格。これは公共事業のために民有地を買うときに国家がつける時価で、強制収用のときは特に大問題である。

地主から裁判を起こされると面倒だから、そこで不動産鑑定士に頼む。不動産鑑定士の試験を受けた人は知っているが、試験には、「ここにしかじかの土地がある。この価格をいくらと思うか。その算出方法を書け」という問題が出る。まず①売買事例価格を出せ。②売買事例のない場合は、売買事例がある近傍類似の土地の価格をもってこい。③この土地でアパートを建てればこのくらい家賃が入るから、収益を還元するといくらかという収益還元価格を計算し、この三つを総合して価格を算出せよ、というのである。

理屈はもっともだが、客観性はあるようで実はあまりない。

売買事例価格は換金性を示しているが、今現在の価格は売り出してみなくてはわからない。近傍類似地の価格は利用転換の可能性を示していて、町が発展していれば、そろそろこの辺も売れるはずだという期待が入っている。収益還元価格はその土地で新事業をはじめる人が考える胸算用である。

というわけで、ほとんどインチキかそれに近い「にらみ」である。

しかし、この答案をうまく書くと不動産鑑定士の資格をくれる。鑑定士になって鑑定をたのまれれば、料金を取ってこういう文書を書けばいいのである。

実体は「にらみ」だらけだから、鑑定の結果は当然三人三様になるから、鑑定書は三人から取れ、になって、これが公団とか市役所とか、担当者の言い訳に使える。その言い訳のために、よけいなコストをかけている。

国鉄が民営化されてJRになって、今まで国有財産だった土地をJRその他に払い下げたとき、その価格を査定した。そんなもの、入札で決めればいいのに、不動産鑑定士に鑑定させたから、鑑定士達は仕事が増えて大喜びだった。

北海道では、鉄道線路の横に防雪林がある。西側か北側に、線路に沿って幅三十メートルぐらいある森や林。これをいくらと査定して、JR北海道に買わせた。

こんな土地に売買事例価格なんかあるわけがない。近傍類似価格は、タダ同然である。

収益還元価格といったって、国鉄は赤字である。

列車を走らせるのに必要欠くべからざる土地だとは思うが、鉄道収益から考えたのでは値段がつかない。牛を飼う収益といっても、それは牧場隣接地に限られるということだが、ともかく細長い土地を細切れにして発注された地元の鑑定士は、大喜びで鑑定書を出して儲けた。

私鉄の場合には、昔は鉄道財団というのがあって、全部一括していくらと評価した。ばらして評価をするなというわけである。

企業の財産をどう評価するか

工場財団という制度もそうだ。その制度ができる前は、銀行から金を借りるとき工場を担保に入れるが、その工場の施設、機械を全部書き上げて、一つ一つを評価した。工場抵当法第二条による評価である。

わたしもやった。この工場は一年に十億円儲けているから、収益還元価格は百億円だろうと思うが、財団をまだつくっていませんという会社があって、しょうがない、一つ一つやった。

建物はある、土地もある、これはわかりやすい。車輌運搬具もわかる。しかし、構築物というのがわからない。

塀があります、道路を掘ってあります、排水口の溝を掘ってあります、トンネルを掘ってありますとかは、これがなかったら工場は動かないのだから、金をかけている。が、しかし、そんなものを買ってくれる人はいない。つまり、処分価格や市価は存在しない。

会社が持ってくる目録には工員の便所まで書いてある。建物が五坪で木造スレート葺きとか書いてある。そうすると、実際に行って全部見て歩かなければならない。目録を見ながら、これがそうですね、これがそうですねと。

わたしは根が真面目人間だから、これは面白いと思って本気でやった。すると、目録には工場の中のいちばんピカピカの機械が出てこない。目録だけ見ていれば、みんなありましたとなるけれども、工場の実際を見ると、あの機械がこの目録には入ってないと、わかる。あの機械はどうしたと聞くと、「あれは社長の個人財産です」と言う。聞くまでは教えてくれない。聞けば教えてくれる。私有財産だから銀行へ担保に出しませんと言う。おお、やっとるな。だから現場は面白いと思った。

ただし、銀行は困る。もしも倒産したときは主力機械がないぬけがらの工場をつかまされることになるから、不良債権とはこういうところまで調べないとわからないものだと思った。

わたしはもともと理科系の人間である。だから工場見学に行っても、配電盤を見せろと言って、メーターの針を見る。電圧計と電流計を見て、この工場、全部で何ワットだと考える。紡績工場だけど、えらいワットを食いすぎているなと思ったことがある。錘数は三千錘か、ならばそんなに電気を食うはずはない。

回転数を見ると、スピンドルの回転数が八千とか一万に上がっている。「これは違反でしょう」と言ったら、「エヘヘヘヘ」

わたしが技術畑の人だったら、見回っている五分間だけ下げたりしたのだろうが、銀行員だから、ばれるとは思わず、安心して回していたらしい。

そのスピンドルの回転数で生産量がわかる。ひと月にいくらできるか、それは売上高になるから、銀行としては関心事だ。

当時は通産省が生産割り当てをしていた。この工場はひと月にこれだけしかつくっちゃいけないという生産割り当てをして、それに見合う原料の割り当てもしていた統制経済の時代だ。

そのときに回転数を上げているということは、ヤミ原料を持ってきて、ヤミ販売をしているわけで、当然、ヤミ収益がある。銀行としては、通産省とは関係なく、収益を調べているのだから、おたくは黒字だねと笑って言った。絶対このくらい黒字はあるはずなのに、税務署にはこれだけしか税金を納めていないじゃないか、と。

もちろん表立って問い詰めはしない。いっしょに自動車に乗ったとき、雑談として言った。

「わたしが見てもわかるのだから、税務署はわかるでしょう。いくら出したんですか」と言うと、わたしは利益を修正した金額を聞いたつもりなのに、相手は指を五本出して「これだけです」と言う。「何?」と言うと、「五十万円です」

「いや、そんなワイロのことを聞いてるんじゃない」とここでも大勉強をした。

「これだけ儲けているのに、それが会社の金庫には入っていませんね」と言ったら、「社長がみんな持ってます」と言う。「そう。じゃあ、うちの銀行にも預金を少し預けてくれないかな」と冗談半分で言ったら、ほんとに持ってきた。それも現金で。なんで現金なんだときくと、向こうの銀行に叱られると言う。

大阪と名古屋でわたしがそんなことをやっていたら、東京の本店から叱られた。融資係がそんな預金集めをするなと言われた。

数年後には融資と預金集めはセットでやれということになるが、そのときは融資係は厳正に融資をすればいいのであって、「預金ください ね」なんて言っちゃいかん、と叱られた。みんな今にやるんだけどなと思ったが、最初にやった人は叱られた。

しかし今にして思えば、融資は信用供与なのだから厳正慎重にやるべきもので、そうしなくては預金をしてくださった人に対して申し訳が立たない。

というような思い出があるが、ともあれ工場の本当の値段は、このくらいやってもわかるものではない。

しかし、高度成長になると、たいてい大丈夫となって、調べに行かないで貸すようになった。工場見学にいく程度で、それもそこそこに飲み会になってしまう。そしてほとんどが無担保貸し同然になって、とうとう銀行はつぶれてしまった。

わたしが勉強したのは、そのぐらいやって相手に尊敬されておかないと融資はすぐに踏み倒されるということである。アメリカや中国への融資や投資を日本国内と同じ感覚でする人は危ない。実際、そんな例がたくさんある。

いまはアメリカからハゲタカファンドがやってきて、銀行の貸付債権を一括して買い叩いたり、株を買い占めると会社に乗り込んでいって企業の財産を処分して、現金にしている。

わたしは、それを金融庁は監督できますか、と言いたい。やっていると称しているけれど、誰がどのくらいやっているかは心配である。

公的資金注入とゼロ金利で国民は大損した

ＢＩＳ規制八％、つまり百億円貸すときには八億円ぐらい内部留保を持つべきだという、ロンドンでの申し合わせを、大蔵省が取りついで、日本中の銀行は、貸付金勘定を減らせ、資産勘定を減らせということになり、確かに銀行の内部留保の比率は高くなった。

だが、それは帳面上のことで、日本の銀行のヨーロッパにおける金融業者としての信用は下がったと思う。国家の言いなりになるような頭取ばかりが——と思われたはずである。

日本中の銀行が大蔵省に行って、「そんなに言うなら、われわれは、国際金融取引をやめます。八％なんて実現不可能なことはやりません」と言えばよかった。たぶん、そういったら、大蔵省から「粉飾決算をやれ」と言われたと思う。そうしたら、「では粉飾決算をやります。やりますから書面でそれを命令してください」と言うべきだった。

それをやっておけば、国民は何百兆円も得したと思う。それをやらないものだから、公的資金をつぎこみ、さらに国民は、ゼロ金利で損したのが何百兆円もある。

わたしは金貸しも一生懸命にやったから、監督官庁に形式的で問題先送り的なことを言われたときは、反撃する気持ちがわいてくる。高い金利を払う会社の人や、安い金利でも貯金をする人々の顔が目に浮かぶからである。

その気持ちがなく、ＢＩＳ規制という外国の業者団体の申し合わせを、さも国際的権威のように思い込んで、国民に取りつぐとはあきれた官庁だった。

その結果、大蔵省という由緒ある名称を取り上げられることになったが、国民は誰も同情しなかった。

第4章

これから日本人は、お金とどう付き合うか

信用と安心があるから紙切れが回っている

日本人のものの考え方は近頃は個人主義をベースにして、その上に合理主義をのっけて、その上に美しいモラルやありきたりのイデオロギーをのっけると一丁出来上がりになっている。

これを大学で教え、新聞が書き、お役人にはそういう人ばかりが集まって、それが上からの情報とか中央からの情報として尊ばれている。そういう時代である。

ところで、これまでの章で縷々《るる》書いてきたように、お金が回るのは、その裏には信用があるからである。いろんな信用があって紙切れが回っている。

この紙切れを持っていけば、また誰かが有用物を自分にくれると思うから受け取るのであって、これは金でも銀でも同じことである。

金も銀も、それ自体では使いものにならないものをなぜ受け取るかといえば、これまで日本の国内ではそうしてきたという歴史と伝統があって、だからたぶん来年もそうだろう、いや十年ぐらいは続くだろうと、みんなが信用して安心しているからである。

貨幣はそもそも、その信用と安心を土台として機能している。

では、日本人はなぜカネを儲けようと思うのか。

それからたくさんあればあるほどうれしいと思うのはなぜか。

それは、お金の使い道は広く深く無限大にあると思うからだが、そういう国や社会や人間は、実は歴史を見るとむしろ珍しいのである。

お金が万能でない社会の一例を挙げると、イエス・キリストの頃のユダヤ人社会がある。

ユダヤ人といえば、お金万能の拝金主義者というのが、今は通り相場だが、その頃はちがった。戦争に負けたユダヤ人はローマに支配されて人頭税を貨幣で納めることを強制されていた。納めなければ奴隷である。

そこではじめて換金商品の生産や労働がはじまった。納税分以外は物々交換かまたは働かないで暮らすのであって、その頃、ローマ皇帝の顔が浮き彫りにされたコインが好きなユダヤ人はいなかったと想像される。

その上、ときどき増税がある。奴隷にされないための収入確保だから、ユダヤ人が命がけでお金を求めたのは当然である。

「お金に汚い」などと言ってはいけない。それから戦争に負けると、そういう未来があるというのも、日本人は知っておくべきことである。

わたしが子供の頃の日本人はそれを知っていたので、戦争に勝つためには進んで貯蓄をし、誇りをもって国債を買い、そして男は神風特攻隊にも志願した。

お金の使途はこのように実に幅が広いのであって、どん底の方へ視野を広げると、今の豊かな日本人には想像もつかないような使い方の物語がたくさんある。

お金は個人の幸せのためだけにあるのではない

また、お金で買うものは個人の幸福だけではなく、家族全体の幸福や国家の安全や名誉もあった。バブルとバブル崩壊後の大不況を経験して、日本人の金銭観にはだいぶん幅がついてきたようである。

お金を儲ければ好きなものを買えるとか、使えるとかといった、個人レベルで考える時代は〝ホリエモン〟で終わって、いまはお金はそんな個人の喜びのためだけにあるのではないぞ、という時代になってきた。

「今日も会社へ行って働くぞ」と思うのは、わたし個人のためではない、家族のためである。女房、子供がたよりにしてくれるからヤル気がわいてくるのであって、家族がなかったら誰が働くかというのが人生で、そういうことがあってはじめて月給に威力があった。わたしは四十歳の頃、誰でも仕事はイヤなはずなのによく働くなと、ほんとにそう思っていた。

銀行の中で課長、部長と役職がつく頃、長銀は世間の評判がよくなって、一流大学出の一流人材が続々と入ってくるようになった。その若い人達が、こんな二流の先輩が仕事を頼んでも、よく働く。なんでこんなに働くんだと思った。

特に富裕な家庭出身の、美人で高学歴の女性が入ってきてよく働く。

その理由は、たとえば未婚の男性が銀行の中にたくさんいるということもあるだろう。ボーナスが楽しみということもあるだろう。仕事そのものよりも、それが大事なように見えた。

ボーナスで何を買うかといえば、ブランドのハンドバッグだ。それから海外旅行。そういう消費動機があるから、お金に値打ちがあって、上役にも値打ちが発生するのである。フランスのブランド商品がなくなったら、上役なんてただのクソジジイになるのになと、ほんとにそう思った。

わたしの場合は働くのは家族があるからだが、若い人達には「家族主義」という視点はない。個人主義だけで考えたお金の効用である。人生論までがそうなってきて、だから今は結婚なんかしなくていいということになってきた。

家族主義というのは昔は、厳然として存在したし、かなり影がうすくなったとはいえ、いまもなお、ある。しかし、近代合理主義だとか個人主義だとかが若い人達の人生観になり、その結果、「未婚」と「少子化」の波がどっと押し寄せてきて、今は国力が衰えるとか、労働力がなくなるとか、その弊害がさかんに議論されるようになった。

しかし、それはあくまでも個人主義に立った議論で、家族がなくなるという、家族主義からの議論がない。仮りに出生率が上向いても、個人主義の日本人が増えるだけでもよいのか、というもっと根本的な問題にまではおよんでいない。当然、家族主義に基づく勤勉さとか、家族社会から見た貨幣の効用とかの議論はないにひとしい。

昔、伊藤忠商事の人事部長から、こんな話を聞いたことがあった。

若い女性を採用するとき面接をするが、あらかじめ渡した質問状に「あなたの家の宝物は何ですか」というのを入れた。そうするとたいていは「なんでも鑑定団」に出てくるようなものを答えるが、「子供」と書いた女性がいたという。

「子供って何ですか。あなたの子供のはずはないでしょう」と聞くと、彼女は「そりゃあそうです。わたしのことです。わたしがわが家の宝です」と答えた。

父親は工場で働いているので、夜遅くまで残業して、疲れて帰ってくるが、ときどきはお酒を飲んで、酔っ払ってから寝る。そのときはわたしの頭をなでて、「わが家の宝は子供だよなあ」と言う。お父さんがそう言ってたから、わたしは自分が宝だと思っています、と答えた。

人事部長は感激して採用したが、「はたせるかな、いい女性でした」と語っていた。

つまり、かつての日本では、家族のため、が働く動機の第一で、お金のありがたさは、子供が育つことにあったのだが、そういう日本がなくなってきて、お金はいったい何をするためのものですか、ということになってしまった。

だがふたたび、お金の背後にある人間の気持ちとか社会とかを考える時代がやってきたと思う。

お金は稼ぐためでなく、使うためにある

少子化で家族がなくなると勤勉さがなくなる、そのシンボルが「ニート」だという〝通説〟があるが、わたしにいわせれば、それは逆である。

父親が長生きでよく働くから息子には働く動機が発生しない。

「お母さんを楽にしてあげよう」という喜びがないとは不幸な子供達である。息子がだらだらして、いつまでたっても働かないから、親は働きがいがあるともいえる。

わたしは奇をてらっているのではない。

実際、ニートと話をしていると、「わたしがダラダラしていると、親父がいつまでも若々しい。これも親孝行だ」と言う。

東京女子大で教えていたとき、学生と喫茶店で雑談して、「親からいくらもらってる？」と聞いたら、「月十万円」と言う。「お兄さんは？」ときくと、「お兄さんはタダです。男はもらわないものなんでしょう」「男はアルバイトするものです、娘は親からもらうものです」

「エッ、女性はアルバイトしないの？　少しはしたらどうだ」と言うと、「先生、わたし達

が本気でアルバイトしたら、ひと月百万円稼ぎますよ。でもそんなことをしたら、わたしのお父さん、気が狂っちゃいます」

あまりにも本当のことを言われたから、唖然としていると、もう一人の子が、「お父さんはだんだん出世してボーナスが増えたけど、自分ではよう使わないんです。それで娘にやたらくれるんです。わたし達はもらってあげて、それから使ってあげなきゃいけないんです」

なるほど、それはそうだ。確かにそうだ。が、それがフランスのブランド商売にとられるとは……と考えたのが、経済を消費からみようとわたしが考えた出発点である。

消費から見ると人間の心理や喜びやそれから人間関係が経済学の中に入ってくる。それから「消費力」の有無という問題も発生する。それはわかっていたが、日本の場合はお金をめぐる家族関係というのがあるとは新発見だった。とすれば将来、家族関係が変われば、お金の効用も価値も、稼ぎ方も使い方もみんな変わる。

いまや日本は、個人主義が行くところまで行って、ふたたび家族主義へもどりはじめている。少子化もこれだけ大問題になると、「産んでくださいよ」になるし、そう言われれば、「産んでやろうか」となる。子供に価値が出る。

実際、結婚率は上がっているし、二〇〇七年からはたぶん出生率も上がるだろう。

だから、これからは家族主義の上に立った消費論を考え、そのための手段としての金銭観や金銭論を言わなければいけない。お金はもともと使うためにあるんで、稼ぐためにあるんじゃないんだという視点が出発点になる。

人間の快楽はインプットにあると思うのは間違いである。本当の快楽はアウトプットのときにあるのだと、あるお坊さんが言っていた。

「アウトプットのときの快楽って何ですか」と聞いたら、「ウンコだってションベンだってみんなそうだ」と言う。言われてみれば食うのも快感だけど、出すのも快感である。食うのは体に悪いが、出して悪いことはないのである。

ところが、日本は長い間貧乏だったから「使うときの快感」という経済学が長い間なかった。しかし、ここまできたら、そろそろそういう経済学があるべきなのである。その意味で「稼いだってしょうがないじゃないか」と言っているニートは未来の人間である。

娘達が「お父さんのために一流ブランドを買う」「きれいな娘になるとお父さんが喜ぶからやっている。ぜいたくは親孝行なのよ」と言っているのは、これも家族主義ではある。

こういうことを経済学で簡単に使用価値だとか効用だとか何とか言ってはいけない。

日本人は貸したお金は返してもらえると思っている

稼いで儲けたらそれが楽しいというのもあるが、使うときの楽しみもなく稼いでためていると、日本の貯蓄はやがて外国に巻き上げられてしまう。現にそうなっている。日本は驚異的に完成した相互信頼社会である。そこで、外国も同じかと考えて、たまりにたまった貯蓄を簡単に外国へ貸すのはいけない。日本人は必ず返すが、外国も同じかと思ったら違う。彼らはなかなか返してはくれない。

ワシントンのウィルソン大統領記念研究所にいたとき、お茶の時間にはまわりの外国人が集まってきて日本の話をしろと言う。

「日本人ぐらい律儀な、というかバカな民族はない。これから国際金融に出ていくが必ず返してもらえると安心している。これからはそういう日本を裏切る問題がいっぱい起こる。なにしろ日本では、警官がサラ金から借りて返せなくなったらピストル強盗をするんですからね」と言ったら、みんなひっくり返ってびっくりした。

「それくらいお金は返すものだと日本人は思っているんですよ。あなたたちは全然思ってないでしょう」と言ったら、当たり前だという顔をした。

この考えの延長として、「債権者は債務者より立場が弱い」という国際常識もある。日本の常識では「貸した金を返せ」と言う方が強いのだが、外国の常識では、「返せないからどうぞ担保を処分してください」と言える債務者のほうが強い。

日本経済はバブルがはじけたあとの不良債権処理問題で、ようやく居直れば債務者のほうが強いということを勉強したが、まだまだ不十分で、外国に対しては相変わらず無用心に貸したり投資したりして、世界一の海外債権保有国になっている。

十五年前、わたしはこう書いたことがある。

1、借りた金はなるべく返さないのが世界の常識である。
2、特に国際金融はそうで、強制徴収をしてくれる裁判所も警察署もない。
3、日本政府は外国政府に対して、取り立ての交渉をなかなかしてくれない。「民間のことは民間で」と言って逃げる。
4、国際常識では踏み倒す国に対して債権国は取り立てのため時には軍隊を派遣することになっている。

5、さらには駐留することになっている。
6、それを認めない国に対しては新たな融資や投資はしないことになっている。
7、しかし、資本交流は双方の利益だからやがて、債務国は軍の基地を提供し、債権国は軍隊の海外派遣をするようになる。
8、いずれは日本もそうするようになる。
9、もしも債権国と債務国が戦争になったとき、周辺の利害関係国はどちらにつくか。日本の常識では周辺の債権国は日本につく。いっしょに圧力をかけてくれるはずと思うが、それはちがう。
10、周辺国は単に武力が強いほうにつく。
11、周辺国は自分がカネを貸しているほうにつく。
12、自分がたくさん借りている国にはむしろ宣戦布告して、勝ったら借金をチャラにする。
13、債権国がもっている財産は戦利品として山分けする。

これが国際常識である。そこで結論に進むと、

結論その一、海外債権をもつと立場が弱くなり、

結論その二、周辺にも味方がなくなる。

結論その三、頼るのは自分の武力だけだから、国際化する国は必ず軍事大国化する。

結論その四、もしも国際警察や国際裁判所が超強力で国際社会が共同体になれば別である。

結論その五、つまり債権国は国際社会づくりに熱心である。（＝日本の国連好き）

結論その六、アメリカは世界最大の債権国だったときは国連を創設したが、世界最大の債務国になったときは国連ばなれを始めた。

というわけで、ここまでは当たったと思う。

お金から見た国際関係論は、こんなにわかりやすくて簡単である。

お金には道徳も感情もないから、それに徹すればこうなるのだと思う。

心やさしい日本人が国際金融の正体を知ったとき

この調子で予測をすすめると、心やさしい日本人は急にはついてこれないかもしれないが、話はこう展開する。


予測その一、日本人は海外投資や融資を控える。

予測その二、日本人は貯蓄するのをやめる。

予測その三、日本人は必要以上に働くのをやめる。

予測その四、交際相手国を限定し、全方位外交はやめる。

予測その五、国連強化に一肌も二肌もぬぐ。

予測その六、自ら強大な武力をもち、海外派兵をする。いちばん安上がりで効果的なのは、核武装。

予測その七、これまで国際金融は美しい理想や道徳の衣をまとって進められてきたが、日本人はその正体を実感して、今後は実務的・実際的・現実的に考えるようになる。開発援助とか、友好親善のシンボル的事業推進とか、人道支援とか、復興援助とかの美辞麗句には騙されない日本人に変わる。

さて、以上をまとめて安倍新内閣時代の日本および日本人はどう進むのだろうか。読者の方々も、自らまわりをみわたしていただきたいが、この予測は七つとも現在進行形である。ただし、それを肯定するコンセプトがない。悪く考えるコンセプトならある。（例外は国連強化協力だけ）

それはアメリカや日本政府からのおすすめコンセプトで、その正体を国民はすでに実感しているのだから、あとは百尺竿頭《ひゃくしゃくかんとう》一歩をすすめて発言する日本発の思想的リーダーの出現が待たれるのである。

略奪と踏み倒しは国際金融の常識

わたしは二十年ぐらい前から、「使いきれないほど働くな、ためるな。こんなにたまったら、いずれはどうやってこれを回すかということが大問題になる。その能力開発をせずに下手に回したら、みんな踏み倒される」と警告してきた。

いま、それが現実となってきた。それでもまだこのくらいですんでいるのは、外国人が日本からもっとふんだくってやれと思っているからである。だから日本に対して約束どおり返済しているのである。

日本にもっと貸したり、投資したりする余力があるうちは裏切られない。そろそろ底が見えてきたら、全部とられる。これは国際金融の常識である。

こういうことは欧米の本には書いてない。なぜか。常識だから、である。

日本人はそういう本を読んで、わかったつもりでいるが、表面的な国際金融秩序の裏には略奪して踏み倒した実例が腐るほどある。

たとえば、アメリカに銀行が初めてできたとき、銀行を創った人はユダヤ人が多い。彼らは預金が入ってきたら大喜びで、それを自分の親戚の会社に貸して、もろともに倒産した。預金はそのまま返ってこない。ニューヨークはそんな計画倒産もどきの話だらけだった。

実をいうと日本でも大正時代はそうだった。第一次大戦で日本は勝ったので景気がよくなって、国中にお金があふれて、銀行を設立した人が自分の会社や親戚の会社に貸して、もろともに倒産した。計画倒産もあるし、「思いがけない戦後不況」なんて言っているが、それにしてはいい加減な経営をしていた。

そういう時代があって、わたしが育ってきた頃は、銀行というのはまだまだ危ないものと思われていた。預金は紙くずになる。だから郵便貯金が安心だ、郵便局の人には人事異動がなくて顔見知りの人だから預けよう、その上、国家保証があるという感覚があった。それがまだ続いている。

しかし、小泉郵政改革で二〇〇七年十月に民営化すれば、そのとき国家保証は切れる。国民は自分でどこかを選んで預けなければいけなくなる。選びきれない人は自分が使ってしまうのがいちばん簡単だ。あるいは、これはヨーロッパ人や中国人がやることだが、金塊を買って持っているのがいちばん安心だという時代がやってくる。

現に旧勘定には国家保証がまだついているが、新勘定にはつかなくなるというのを見て、郵便貯金は毎年二十兆円か三十兆円ずつ減っている。これはいうならば「自然死」である。そこで国民は郵便貯金をおろして、外国の株やファンドを買うようになったから、多分、その影響でいまは円安なのである。郵便貯金自身もファンドを売りつけているが、ファンドに元本の保証はない。ないが、なんとなく郵便局がすすめるからというので信用して買っている人がいる。

もしもファンドが元本割れになれば郵便局は信用詐欺をしたと言われかねないが、元本保証はないですよ、といくら口で言っても、多くの人は安心して、郵便局にそんな悪い人はいないだろうと思っている。だが、いまはそういうことの転換期である。

神代の昔から、男は稼ぎ、女は使う人

お金は使うためにあるということでいえば、日本では誰が使うかといったら、神代の昔から妻と娘が使うものに決まっている。

卑弥呼の時代、女性はシャーマンで、神のお告げを感じ取る力があった。しかし男にはなかった。だから女性が生産も消費も管理して男を指揮した。

「今日は天気が悪いから狩りに行くな」とか、「海に出るな」とかの予兆能力が女性にはある。自然現象のほかに、動植物についても人間関係についても予兆能力が生じるわけがある。

なぜかというと、一カ所に定住しているからである。男は狩猟と漁に出かけるから、関心は動物のほうに行ってしまっている。ところが女性は一カ所で、家で待っているから、関心はお天気やまわりの人間関係のほうに集中している。

天気予報ができて人間関係が読める人は、リーダーになる。狩猟と採集に行く男は現場の兵隊にしかなれない。

というわけで、原始日本は当然、女系社会だった。母系社会だった。男は稼ぐ人、女性は使う人という時代が一万年ぐらい続いた。

ということを、リアルに書いた『一万年の天皇』（文春新書）という本がある。著者の上田篤さんは、天才だと思うが、普通の人が見ると変人かもしれない。

京都大学の建築科出身で、有名な黒川紀章の一年か二年上級生である。当時の建築屋さんは大体は公共建築に行けば儲かったが、上田さんは普通の町の家の研究のほうへ行った。そこにいる人間の住まい方と建築の関係を、両方セットで研究した。

上田さんは阪大教授になって、それからいつの間にか宮大工が好きになって神社回りをした。

『古事記』とか『日本書紀』などの文書になってからが日本歴史だとされるが、神社にはそれより昔の口伝えの日本歴史がある。まわりの村の人にもある。それをたくさん集めて、上田さんは天皇制の前に、女を「ヒメ」、男を「ヒコ」と呼び、ヒメがヒコより上位にあった「ヒメ・ヒコ制」の時代があったと述べる。

縄文時代またはその前の時代、三角形の掘っ立て小屋の真ん中に焚き火があって、女性はそれを絶やさないように守るのが仕事である。これを「ヒツギ」という。ファイヤーをリレーする意味だが、太陽も発音は「ヒ」だ。天皇をヒツギノミコと呼ぶが、もともとは女がヒツギのヒメである。女性は火を継ぎつづけるうちに、太陽神のアマテラスになって、その血統を娘につたえた。火つぎも日嗣ぎと同じで、それがあるときから男に移行する。

ヒメは土器もつくった。料理が仕事だから、容器を土でこねて焼いたと上田さんが書いているのを見てひらめいたのは、「火焔土器」は女の気持ちだということである。

火焔土器というのは上部に燃え上がるような飾りがついている。

岡本太郎が大いに褒めたが、あれは女の執念が燃え上がっているのではないか。火焔土器をつくったのは女性なんだろうなと思った。男が出かけたっきり帰ってこないといって女が怒っているにちがいない。その頃は通い婚制度だから、男はいつ来るかわからないし、出たら出たっきりでどこへ行ったかわからない。「私のとこに来ないわ」と怒っているのが嫉妬心メラメラの火焔土器となったのだろう。

そういう「ヒメ・ヒコ制」が、国内統一戦争の時代がきて、男が上にたつようになり、最後に勝ちのこった豪族が天皇になったとき、「ヒコ」が「ヒメ」になりかわった。軍事力から政治力が生まれる時代がきたのである。

しかし政治指導者にはなったが、「ヒコ」は伝統により神を祭り、占いをするヒメの真似をしていた。女っぽいほうが指導者らしく見えたので、武力戦争で勝った後の「ヒコ」は、間もなく「ヒメ」化した。

明治天皇に初めて出会った外人がびっくりして、天皇というのは女か、お化粧をしているし、和歌を詠んでいるだけの、弱々しい少年だったと言っているように、天皇の宮中生活は全部女性に囲まれていた。

その昔の天皇は豪族の娘達をたくさん人質にとって暮らしていたのである。そして息子ができると母と息子を実家に帰した。

これから先は上田篤先生の本を読んでください。

ともあれ明治維新の元勲たちは、これではいかんというので、山岡鉄舟がお相手をして男に戻した。天皇に相撲をとらせ、かまわないからぶん投げろと、鍛えて、天皇を男に戻した。そのときは日本を狙う外国の軍事力が四辺に迫っていたのである。

今から二千年前の、国内統一戦争のときは男が主導権をとった。その後はずっと平和が続いて天皇は女性化したが、明治維新のとき再び国際戦争をするようになると、天皇はまた男になった。上田さんは建築家だから、ここまではっきり書いてないがともかく、そういう指摘が素晴らしい。

国内統一戦争が終わった平安時代の天皇は軍事力を捨てたから、京都には兵隊がいなかった。軍事力は、それぞれの地域に武士がいた。

そのような時代が千年以上続いて、明治維新のときふたたび国家的統一軍隊を持たなくては外国の植民地にされるということになったのである。

国家は貨幣で経済を統一し、祭りや宗教で精神を統一する

国内を統一したときは日本の天皇もまた貨幣を発行した。和銅開珎とかが教科書に登場するが、それは日本でも同じく納税用だった。天皇の支配圏が拡大すると、農業製品や工業製品を物納するのでは遠距離輸送のコストがかかるから、貨幣での納税を強制したが、あまり普及しなかった。公務員も貨幣での給料支払いを喜ばなかった。

国家はヨーロッパでも中国でも日本でも、貨幣が好きで、それを通じて経済を支配しようとした。精神はお祭りや宗教で統一し、経済は貨幣で統一しようとしたが、その根本の裏づけはもちろん武力だった。

その点、日本は不思議な国で、平安時代以降の天皇は武力は武士への外注ですませ、貨幣も武士に発行させていた。天皇の手許にあったのは歴史に裏づけられた文化とご祈禱だけとは、「統治の成功」という点では欧米や中国に懸絶《けんぜつ》している。

そう考えると明治維新においてまず武力を薩摩と長州から奉納させ、つづいて明治六年には藩札の発行を停止させて代わりに国立銀行を設立して、国立銀行券を発行させたのは、

欧化が進歩と思えば進歩だが、日本的統治の理想から見れば、千年も昔にバックしている。

日本国民は国民皆兵の徴兵制も、貨幣経済を前提とした税金制度もいまだに好きではない。もっとよい統治形態があるはずだとの思いをいまだに捨てきれないでいる。

だが、それを説く学者はいまのところ日本にはいない。学者でない人が二宮尊徳や石門心学や、大阪の商人たちに日本式貨幣論の根元を探っているのみである。

大学で教えているのはウィリアム・ペティやフランソワ・ケネーやジョン・ロックやアダム・スミスからはじまるヨーロッパの貨幣論だから、国民はそれを越える日本風味のお金の話はないものかと思っている。

第二次世界大戦が終わるとまた日本の政治には平安時代がもどってきた。

武力は憲法第九条により放棄で貨幣はアメリカのドルにリンクしたから、日本政府と天皇にはふたたび大きな仕事がなくなった。

外務省も大蔵省も日銀も同じで、彼らは国を守り、建てることから解放されて、もっぱら省益を追求する存在になった。それでもすんだのだからありがたいことだが、それが六十年もつづくと天皇は昔にもどって女性的な文化人になり、ふたたび世界各国に類を見ない懸絶した統治者になった。

ヒメ・ヒコ制は今に生きているのである。そうしたヒメの声が水面上に浮上すると、政治では小泉総選挙の大勝利になり、経済ではホリエモンや村上ファンドは許せないとなって、次に司法が動き出した。

日本の貯蓄は世界最大だが、それを握っているのは家庭の奥様である。だから運用は元本保証の預金に集中し、それ以外の株や信託にはあまり出てこない。

アメリカや中国は日本の預金を狙っているが、そのやり方が荒っぽい。政府間交渉で政府に圧力をかけて、ドル国債をもたせたり、郵便貯金の国家保証を廃止させたりしているが、その説明がグローバル・スタンダードとか、金融の国際化とか、ビッグバンとかだけでは日本のヒメには通じない。

資産運用は自己責任で、何かリスクをとれば有利になるかもしれないというだけでは、そう説いている人の顔つきをみるだけで正体は看破される。

日本の貯蓄が欲しければ、もっと男性的に行動するか、あるいはもっと女性的に優しく説明するかが必要である。

男性的なほうをいえば、強く元本保証を打ち出し、その裏づけとして何か担保を出さなければならない。テキサスの油田か、カナダのガス田か、あるいは横須賀に常駐する第七艦隊の空母部隊の指揮権か所有権か、それともミサイルつきの原爆百発を質に入れるか。

それは何でもよい。日本のヒメ様がそれなら……と思うものを金融商品を売りたい人が自分で自分の国内に探すことである。（あまりありそうもないが……）

女性的な方法については金融商品を売りたい人がご自分で日本の女性に聞いていただきたい。わたしに聞いてもムダである。

平和が続けば、どこの国でも女性優位になる。戦争をするときは、相手が男だから、男の動きを読むのは男で、だから男が指導者になる。しかし平和であれば、相手はお天気か動植物および周囲の人で、それは女のほうが読める。特に一カ所に定住している人はよく読める。子供をたくさん産んだ人もよく読める。そして年長者になると、近所の人のことは生い立ちから知っているようになる。地域情報である。

日本民族のようにこの日本列島から全然動かない民族では、その能力が発達し、かつ女性優位になる。情報優位の社会になる。

それから人情第一の社会になるという特徴もある。金融商品をその条件だけで売ろうとする外国の金融機関は、日本市場では成功しないと思う。

消費と文化から見る経済学が必要になってきた

というわけで、結論に入ると、日本では女性の情報的消費が常に最大消費である。（早くいえば見せびらかしの消費）

平安時代は女性が十二単《ひとえ》を着ていた。江戸時代は、国内で産出した金銀をほとんどすべて中国へ送って、白絹と本を買っていた。経典とか儒教の本と絹を買って金銀銅で支払っていた。ついでに鉄もとれるから、それを日本刀にして持っていった。買ってきた絹は大名の奥様が着た。大名、小名の着倒れ国・日本。それが高度成長のときに復活して、女性がブランド物を買いまくった。男は喜んでお小遣いを与えた。

という歴史の現実を今まで経済学が見なかったのは、おかしいと思う。マルクス主義経済学の影響で、資本家が搾取する話ばかり学んで、搾取した資本家は何に使ったかを見ていなかった。マルクス主義経済学は、恨みの経済学、ひがみの経済学で終わっていた。

搾取した王侯貴族や資本家はその富を何に使ったかを見ると、最初は軍事力の強化に使ったが、一段落すると、これも同じく女に使っていた。ベルサイユ宮殿のまわりでは女性がサロンを主宰してパーティーを盛んにやっていた。着飾ることに心血を注いでいた。旦那も少しはおしゃれをしなさいよというので、旦那もおしゃれをしていた。

という時代があって、そこで開発されたぜいたくがあって、これがフランス革命によって庶民にも解禁された。いろいろな身分差があったのが解禁されて、庶民でも木綿とか絹を身につけるようになった。ちょうどその頃、アジア侵略が成功して、絹や木綿が手に入るようになった。日本が日清戦争を戦った時代は、ヨーロッパの男達がアジアへ侵略した時代だった。これも狩猟経済の一種で、その結果、フランス文化、ヨーロッパ文化が花開いた。彼らはそれを蒸気機関を設置した工場で大量生産した。

産業革命として紡績産業がなぜそんなに栄えたかというと、庶民や女性向けにとめどもなく木綿の衣料品を大量生産する時代になったからである。そこで蒸気機関が大活躍した。蒸気機関はもっとその前から使われていた。一番大きな蒸気機関は、ベルサイユ宮殿の噴水用のポンプで、セーヌ川の支流から水をくみ上げて、宮殿で王侯がランチを食べている間だけ噴水を上げていた。その前は水汲みは奴隷の仕事だった。ベルサイユ宮殿に奴隷が二百人ほどいて、パーティーが開かれるというと、一生懸命タンクに水をくんでためた。たった三十分で終わる噴水のために働いていた。その奴隷の値段が上がったから、蒸気機関が使われるようになったのである。

こういう面白い話を書いたのは、マルクスと同時代の人で、ベルナー・ゾンバルトという経済学者だ。マルクスは生産の側から経済を見、ゾンバルトは消費のほうから経済を見た。だからマルクスとベルナー・ゾンバルトの両方を読まなければ経済はわからない。

それまでもヨーロッパ人は裸でいたわけではない。羊毛のセーターや、布や毛皮を縫い合わせてつくった服を着ていた。肌着なしである。そういう野蛮なところへ到来した木綿はぜいたく品だった。それを貴族だけではなく庶民も欲しがったから、木綿の肌着は大量生産になった。それから木綿は染色性がよいので美しい上衣にも使われた。糸を細くすると絹に近い布地にもなった。

マルクスが恨みを込めて書いているのは、紡績工場でつくっているものを、つくっている労働者は買えないということだ。それは賃金が安いからだと言っているが、そもそも当時の庶民には木綿を着る習慣はなかったはずである。自分達が着るものではないとあきらめていたのであって、買えないことを直ちに恨んだとは思えない。

しかし、日本人は江戸時代から木綿を着ていた。戦国時代は麻を着ていたが、そこへ木綿が入ってきて、その防寒性により戦国時代の後期には冬も戦争ができるようになっていた。木綿文化は日本がはるかに先進国である。

ペルリが日本に武力で開国を迫ってそれが実現したとき、イギリスは綿製品を大いに売り込もうとしたがまるで売れなかったので、日本駐在のイギリス公使はその原因と対策について本国へレポートを送っている。

イギリス製の綿布は大量生産のため種類が少ないが、日本では何百種類もの綿布がある。普段着用、晴れ着用、男用、女用、高齢者用、中年用、若者用。それから衣類用と袋物用等々が専門分化してさらに順列組み合わせになっていることにイギリス公使は驚き、「足袋の底地まで特別専用品としてつくられている」とレポートに書いた。

結論として、イギリス綿製品が売れない原因は木綿文化の高低差であって、価格差ではないから、安いだけのイギリス製品は当分勝てない。——となっていた。

消費からみる経済学と文化からみる経済学の必要性に、イギリス人はそのとき日本を見て気がついたのである。

こういった余計な知識がないと、ほんとはお金の話もできないのである。

お金の使い道をいちばん知っているのは女性である

わたしたち夫婦は貧乏サラリーマンだった。その上、夫婦とも古い人間だから、質素倹約、貯金第一で、それを四十年もやっていると、使う暇がなくていつの間にか貯金ができてしまうが、しかしわたしの楽しみは、本を買うぐらいでほかに欲しいものはない。その上、余命はだんだん短くなるので、あるとき女房に「何かやりたいことがあったらやるといいよ。貯金は全部使ってもいいよ」と言った。

そのとき、彼女は突然恐ろしいことを言った。「こんな貯金じゃ足りない」

長い間、宝石が欲しいとかは、何も言ったことがないから、感心な奥さんだと思っていたが、「こんな貯金じゃ足りない」と言ったので驚いた。女は怖い。そんなことを考えていたとは四十年間、気がつかなかった。

それで何に使いたいのかと聞くと、「お客さんを呼んでホームパーティーをやりたい」と言う。よし、やろうじゃないか。貯金がなくなったらまた働くことにしよう。

かねて好きな人を数え上げると、百人もいるから、そういう人たちを夫婦連れで招待して、パーティーをやることにした。そのコンセプトは家内が言うとおり「夫婦仲良く」である。

招待した客の中には、女性の漫画家で何億円も儲けた人がいて、「ああ、素晴らしい。また呼んでちょうだいね」と言うから、「あなたはわたしの何十倍も大金持ちなんだから、自分でやんなさいよ」と返事した。すると、「わたし、こんな風にお金使えませんわ」と言う。「そんなことはない。お金は、漫画チックで、乙女チックにやれば使える。少女漫画を描いて儲けているあなたは、漫画チックで乙女チックなんでしょう。わたしのように真面目で合理的で、能率一点張りの、理屈屋はお金の使いようがない。が、あなたは楽しく使える才能があるでしょう」と言ったら、「ええー……」ってしばらく考えこんでいた。乙女チックで漫画チックな世界は楽しいものである。

わたしは型にはめられて育っているから、女性が楽しむことは、ただただ無駄遣いにしか見えないが、その型を忘れて自分も無駄遣いをすると決めると、女性が喜んで食うものはうまいし、着るものはきれいだし、住宅も音楽も会話も詩も演劇もみんないい。

日本中が、そういうふうになりつつあるが、それが本来の日本なのである。

男性主導のヒコがつくる文化、ヒコの時代というのは欧米化のことである。欧米は昔も今も男の世界で、それは軍事力が基本の世界だ。欧米派はまだ戦争の時代をやっているのだとわかる。日本は平和の時代が何百年も続いたことが何回もあるから、女の時代はつくろうと思わなくてもすぐできる。

そう思って見ると、日本には女性文化に根ざした女性向けの高額商品や高級サービスが山ほどある。

日本は男尊女卑でソープランドがあると言う人がいるが、その前に女性がすごい文化をつくったから、男は通っていくのである。女性が文化の中心だから、バーでもクラブでも芸者遊びでもカラオケ大会でも日本の男はいつも女性に奉仕している。

そう考えると、日本の男性文化は女性が喜ぶ方向へ発達している。女性は男によい服を着せるのが好きだから、男は着てあげないといけないのである。

わたしは貧乏育ちでピューリタン的で、マルクス経済学的発想の持ち主だったから、芸者や舞子のいるところへ京都の財界人が連れていってくれても、うれしくない。

なんで女性にこんなことをさせるんだ、その昔、品性下劣な男にサービスするために貧乏人の娘がこんなことをさせられたと、そう思っているから、「私はうれしくない。もう二度と誘ってくれるな」になる。ほんとうにうれしくなかったのだ。

今でもそうで、芸者は見るのもイヤだし、銀座のクラブはバカバカしい。女性が気の毒で見ていられない、こんな文化を喜ぶような人が社長だったら、日本経済は滅びると、心の底では今でもそう思っている。が、それにもかかわらず日本経済はなかなか潰れないからときどきは、バー、クラブのプラス面をみようと努力したりもする。

そう思うと、結構、女性も喜んでやっているんじゃないかと、気がつく。

OLをするより楽だとか、こっちのほうが儲けが多いと説明するのは、単なる経済的観点で、理由はほかにもある。わたしはこんなにきれいなんだから、もっと見せたい。もっと磨いてみたいという本能の発現があるらしい。

不景気が続いたこの十年間にもエステサロンは花盛りで、顔や全身をなでてもらって一万円、二万円と払う人がたくさんいる。自分の顔をなでてもらって、何がうれしいんだとわたしは思うが、そんな考えではおいていかれるらしい。

きれいになりましたって、誰に見せるのかと聞けば、「別に男に見せなくてもいいんです」と言う。自分で満足すればそれが最高というのは、禅宗でいう「随所作主」の精神かもしれない。

そういう女性の気持ちを、自分は見ていなかった。経済学だけで見ていた。

女性にやりたいことをやらせると、芸者みたいなことをする。大学卒の人でもホステスみたいなことをする。が、しかし、本人がしたいのならそれでよい。好きなことをしているとき、その人は輝いて見える。

そう思って見ると、日本人の男はお座敷で芸者を一生懸命接待しているとか、銀座のクラブへ行くとホステスのご機嫌をとっているとかで、お金を払って何をやっているのかと、外人は不思議に思うらしい。が、それが男の喜びだとすれば、その遊びの文化はやっぱりヒメ・ヒコ制に起源があるのかもしれない。

女性が「お金を立派に使う」社会に未来がある

銀座のバー、クラブへ行くと、座っただけで五万円とられますとか言っているが、お金をめぐっても固定観念を変えなければならない。「座っただけ」かどうかを再考しなくてはいけない。そこにいろいろな意味や喜びを発見できるようになれば、バカバカしいとばかりは思わなくなることだろう。

五万円を払えることは男の喜びであり、女の勲章であり、さらにそのほかにお金でない男女の付き合いもあるということを韓国人女性の呉善花さんは力説している。呉さんは日本研究家で日本が好きで、大いに日本を褒める。

「日本の男性と結婚したいわ。でも誰も申し込んでくれない」と言って笑う。日本の男性がモテるのは珍しい。

国際結婚が今は、百組のうち五組になった。百組結婚式があると、五組が外人と結婚している。それは去年か一昨年の統計で、今はもっと増えているかもしれないが、その内訳を見ると、日本の男が外人女性と結婚するケースはまれで、多くは日本の女性が外人と結婚している。日本の女性は世界最高だが、日本の男性はそうでもないらしい。

こんな調子でいくと、人口減どころかハーフだらけになるという未来予測もできる。

日本人女性に家計を任せると、誠心誠意で管理してくれると外国人の男には評判がいいが、やがては資産運用や不動産管理も奥様がするようになるかもしれない。これは欧米人には驚天動地の大革命である。

欧米ではせいぜいが夫婦別々のダブル・インカムを、別々の独立会計で処理している段階だから、奥様が一括で管理するとなれば、それは男性としては全面降伏の武装解除に等しいのである。

アメリカの奥様方に日本ではそれが普通で、わたしの家もそうだと話すと、全員が絶句して、しばし珍獣を見るような目でわたしを見た。

そういうわけで、女性が持っているぜいたく観とか生活観とか、金銭観が表へ出てくると、日本経済はもちろん世界経済も変わる。もちろんそれは自然なことで、もともと男は女に喜んでもらうために働いていたのである。

ところがその女性が男性用の高等教育を受けて、やたらと賢くなり、貯金、貯金、貯金と言ったから、こんなに不景気になったのである。

名称は高等教育というが、中味は職業教育が九〇%だから、決して高等とはいえない。

人間の値打ちや幸せはそれを越えたところにある。

社会にはそれを探求し、開発してくれる人が必要だが、それは一万年も前から主として女性の仕事だった。したがって女性がそれをやめると男性は働きがいを失う。

女性が「立派に使ってみせるから、男はもっと働いてこい」と言わないと、社会にも経済にも活気がなくなる。「こんな貯金じゃ足りない」と言えば、男はまた男らしくなって働くだろう。これからの政治課題、安倍新内閣への課題とはそういうことだ。

とにかく女性までが勉強して知能自慢はいいが、職業自慢や収入指向や個人主義になったら、男は働く張り合いがない。

お金は商品の一種。だから値打ちも変動する

「膨大なニートを生んだ背景」にあるのは、第一に親が長生きするということで、第二は親に収入や財産がいつまでもあるから、子供には働きがいがないことだ。そこで子供は音楽家やスポーツ選手や学者やタレントなど、あまり職業的でないものをめざすが、親はその道での成功を期待して、仕送りするのがうれしいらしい。それが新しい親孝行になっている。

というようなことを講演のときに言ったら、結構わいて、みんな喜んでいた。

逆説を喜ぶ余裕がある人たちで、半分ぐらいは思い当たるということらしかった。

子供にお金について教えるために、小学校で株の売買をやらせるなんて言っているが、あれは愚の骨頂で、ほんとうにお金のなんたるかを実感するには、アジアのマーケットへ行くのが一番よい。

学生は、十万円たまったらアジアの各地へ行き、一泊百円の旅行をして値切ったり、だまされたりして帰ってくる。それが一番である。

わたしが子供の頃、はじめてお小遣いをもらったときに経験するお金の世界は、神社のお祭りだった。香具師《やし》というのがいてコルク栓のピストルで人形を落とすとか、金魚をすくうとか、アメの板を割らずに何かの像を切り出すとか、高級なところでは大道詰め将棋があった。見ているぶんにはいいが、一回失敗したら、あそこまでいったんだから、もしかしたら次はできるような気にさせられて、深みにはまる。やっぱりああいうので鍛えられたほうがいい。

そして味わうべきは、損をしても悪いのは香具師ではなく自分だと思うような仕掛けができていることである。競馬も競輪も株もファンドも、その点は共通しているから長続きしているのである。

騙されないためには相手の顔つきをみたり、話し方をみたり、場の雰囲気をみたりすることも重要だと神社や戦後のヤミ市で教えられた。

いい年をしてコロッとだまされるケースがあるが、それは、顔を見ないで、説明だけ聞くからである。

インテリの方が騙されやすいし、騙しやすい。金融商品に関する金融情報は数字になっているが、それ以外をみる力がインテリは薄いのである。

証券会社が売る商品は、二番目にすすめるのを買えという格言めいたものがある。オーストラリアドルがいいですよ、カナダの何とか債券がいいですよと言われたときは、二番目のを買え、なぜなら一番目のは会社の都合で、はめ込んでいるのであって、それが断られると、二番目にはセールスマン個人が考えたおすすめ商品を出してくるからだという。

そんなことをむずかしく考えない人はそれを感得するが、むずかしく考える人はそういうカンが鈍っている。

要するに、日本人のお金にたいする感覚や考え方は、学問が普及してからおかしくなったと思っている。

お金の価値より人生の価値のほうが尊いに決まっているわけで、人生の価値の置き方によって、お金の価値は上がりも下がりもするものである。

円ドルレートみたいに、家庭の主婦の労働をお金で換算すれば一カ月何万円ですかという話がときどき新聞・テレビに紹介されるが、バカバカしい話だと思う。別にお金でいわなくてもいいではないか。

そんな換算をするのならＩＴ革命のときにしてほしかった。初期の頃の話だが、ノート型パソコンを持ち歩いて、

「ここへ来るまで新幹線の車中で原稿を一本仕上げた。どうだ格好いいだろう」と話される大学教授がいたので、相槌を打ちながら聞いたが、そんなことは秘書を一人雇えばやってくれることである。新幹線の中では書くより夢想していたほうが学者らしいのにな……と思う。

パソコンに熱中すると新機能や新機種の話に気をとられて肝心の社会観察や思考や意見交換の活動が低下するのは本末転倒である。

これは昔からある話で「玩物喪志」という。

学者が筆や墨や紙に凝り、武士が刀槍を自慢する。碁打ちは高価な盤石を集めて喜ぶ等々で、肝心の目的が忘れられるおかしさをいう。

渡部昇一先生は「『喪志玩物』という方がただしいのです」と言われる。目的への志が弱くなると手段に凝るという現象で、IT革命礼賛論にはそのきらいがあった。

お金でいえばどの位のものか、というのは一応の計算であって本当の答えではない。それに値段とは、何かあるモノとお金の交換比率であって、本当の値打ちは、モノの方もお金の方も絶えず上下している。

たとえば「なんでも鑑定団」で、「これはいま値段が高いですよ」と言っているのは、カネの値打ちが下がっていると見てもいいのである。「横山大観は値上がりしています」ということと、カネの値打ちが横山大観については下がっているということは同じである。

がしかし、多くの人はこれがわからない。お金の威力は普遍的で万物に及ぶと思っているが、それは国家が日本銀行を設立して明治三十年に日銀券に「強制通用力」を決めたことをそのまま素直に受けいれているからである。

だが、わたし達高齢者は強制通用力が消滅した戦中、戦後のことを知っている。日銀券でさつま芋を渡してくれる農家はなく、歯を直してくれる歯医者はなかったという時代である。

あの頃、強制通用力は国家に対してだけ存在した。すなわち納税用と公共料金の支払いで、日本は奈良時代にもどっていた。お金も商品の一種なのである。

未来をつかむには労働価値説を捨てること

面白い例を紹介しよう。ビル・ゲイツさんは大変な大金持ちになったから、彼にとってのお金は紙切れになってしまったかどうかという話だ。

ビル・ゲイツさんは、サンリオに来て辻信太郎さんにハローキティちゃんを売ってくれと言ったらしい。

察するに、ウィンドウズは、世界ではリナックスに押されている。アメリカでもマッキントッシュとかいろいろあって、ウィンドウズ一辺倒は日本だけである。だから日本で売らなければならない。

その日本でパソコンを使っているのは女性が多い。女性はハローキティちゃんが大好きである。だからこれを買ってやれ、と思ったのかもしれない。キャラクター産業に進出しようということかもしれない。

ともかく、ゲイツさんがそのとき辻さんに提示した金額は、噂では七十億ドル（七千億円）だったという。彼にとっては七十億ドルなんて何でもないのかもしれない。

わたしは辻さんとは付き合いがあったから知っているが、辻さんは、センスの良い女性達といっしょになって、カードや文房具につける図案を考えていた。イチゴを一つ書くか、二つ書くか、そのどちらが可愛いか——を考えていた。

ネコの顔を描いて、頭にリボンをつけて、口なんかないほうがいいとか、あるほうがいいとか。耳をつけて、もうちょっと丸くしたらかわいいかしらとか、ただひたすら「かわいい」とはどういうものかを考えてつくっただけで、開発のコストはほとんどゼロといえばゼロだった。

成功してからはいろんな理由があとからつく。無表情だからよかったというのもある。無表情だから、女の子が見て自分の感情移入ができたのだというが、そのときはただ一生懸命だったらしい。

たしかにディズニーのキャラクターは表情がオーバーである。それより日本人のための日本人のセンスのほうに高い値段がつくようになった。

それは、ハローキティちゃんが値上がりしたのか、それともお金が安くなったのか、と考えてみるのは面白い。

お金は安くなってない、と考えるのが常識だが、ただしビル・ゲイツさんにとっては安くなっているのかもしれない。それからドルが新興国の通貨に対しては安くなっている。円は将来、ますます円高になるから、日本からその円を稼ぐためには今、七十億ドルくらいは安いものだと考えたかもしれない。

そういうふうに考えるのが商売人なのだが、サラリーマンで大学に行った人はそう思わない。七千億円というのに不動の価値を見てしまう。多分、労働価値説で考えているのである。

だが、これからはセンス価値説やコンセプト価値説の経済学に切りかえないと未来はつかめない。

アメリカ大リーグに行った松坂の契約料も同じで、あれは野球の値段が上がったともいえるし、野球についてはお金の値打ちが下がっているともいえる。世界的にお金がだぶついているからである。

桑田はマイナー契約で、年俸五千万円は安いが、それでも日銀総裁より多い。

それで幸福かどうか、大金持ちの心境は、真面目なサラリーマンにはわからない。カネが儲かれば儲かるほど、もっと儲けたくなるというのは、下から這い上がった人の話で、頂点をきわめると変わるものかもしれない。

持っているお金の価値は人生を終えるときに決まる

渋沢敬三という人は、老後、別の人生を歩んだ。

日本資本主義の育ての親といわれる渋沢栄一の孫で、終戦間際の日銀総裁、直後の大蔵大臣だった渋沢敬三は老後、日本民俗学のパトロンとなり、カマだとかクワだとか蓑笠《みのがさ》だとか、農漁村の民具を集めた常民文化研究所（アチック・ミューゼアム）に私費を投じ、みずからの言葉でいえば「ニコ没」、にこやかに没落した。

アメリカでは、鉄鋼王といわれたカーネギーがいる。カーネギー製鉄の五九％の大株主だったカーネギーは、モルガン財閥との戦いに敗れて、その株を全部売っ払い、その代価として、当時のアメリカの国防費一年間に相当する金額を金担保付き社債で受け取った。今にしてみれば二千億ドルである。そのときは六十五歳で、それから八十五歳で死ぬまでの間に、カーネギーはその大方を世界中に寄付して蕩尽した。

「お金は天国へ持っていけないんだから、残して死ぬなんてみっともない」と言って、世界中に図書館をつくり、教会にはパイプオルガンを寄付し、病院をつくり、大学をつくった……。しかしカーネギー不動産とか、カーネギー銀行とか、そういうものは何も残っていない。カーネギーホールはあるが、である。

儲けるのも世界一、使うのも世界一だった彼の人生は波乱万丈で実に面白い。前半は時には反社会的だったが、後半は、社会貢献一筋だったともいえる。

金持ちは必ず芸者遊びをするなんて財務省の人が考えているのは、貧乏人の発想である。

さらにいえば、パソコンを発明してアップル社をつくった、ウォズニアクとスティーブ・ジョブズの話もある。

二十二、三歳のとき、パソコンを発想したが、「おまえら大学も出てないのに偉そうなことを言うな」と言われて「じゃあ自分でやる」と会社を辞め、アップル社をつくってガレージでパソコンをつくりはじめた。この二人は、たちまち全米で二十番目ぐらいの大金持ちになったが、しかし本人はジーンズにスニーカーをはいて、働きまくっていた。

人が「そんなに稼いでどうするんですか」と聞いたら、お金はスポーツのゲームのスコアだと答えた。またまた百万ドル儲けたとかいうのはスコアであって、壁に書いて喜んでいるだけである。使うのは死ぬときだと答えた。

こういう話は日本には千年も前からたまりにたまっている。千年分、失敗した人や成功した人の物語が、町々、村々にある。

わたしたちの世代は自然にそういう実例を聞いて育ったが、近頃の人は聞いていないし、聞いても感じない。それは平家物語や講談がすたれたためでもあるし、お父さんがみんなサラリーマンになってしまったからだというのもある。

共同体も分限者もなくなり、それから、じいさん、ばあさんとの付き合いもなくなった。家族主義がなくなり、伝統が切れ、子供は大方、学校秀才の真似をするようになってしまった。そこで、私はこんな当たり前のことを述べているが、それが本になるという変な世の中になった。

しかし、世の中には必ずゆりもどしがある。日本の昔の物語りを上級生が下級生に読んで聞かせたり、外国映画より日本映画をみるようになったり、和服姿が増えたり、週刊誌やテレビで漢字あそびに人気が集まったりしているから、金融界にもやがては日本風の味がついた取引が復活するだろうと思っている。

以上、何かのご参考になれば幸いである。

日下公人　くさかきみんど

昭和５年、兵庫県生まれ。東京大学経済学部卒業。
日本長期信用銀行入行。同行取締役、(社)ソフト化経済センター理事長、多摩大学大学院研究科長、東京財団会長を経て、現在、評論家、三谷産業監査役。第一回サントリー学芸賞受賞。ベストセラーになった『５年後こうなる』や『「バカの壁」をぶち壊せ』(養老孟司との共著) の他、近著に『「質の経済」が始まった』『「人口減少」で日本は繁栄する』『数年後に起きていること』『日本の未来はこうなります』、小社刊『国家の正体』等がある。

お金の正体
2007年３月１日　初版第一刷発行

著者　日下公人

発行者　栗原幹夫
発行所　KKベストセラーズ
東京都豊島区南大塚２丁目29番７号　〒170-8457
電話　03-5976-9121(代)　振替　00180-6-103083
http://www.kk-bestsellers.com/
印刷所　近代美術
製本所　積信堂
ISBN978-4-584-18985-6　C0033